황산벌에서 화랑 관창과
계백 장군을 만나다

글 **강무홍** | 그림 **김종범**
감수 **송호정**

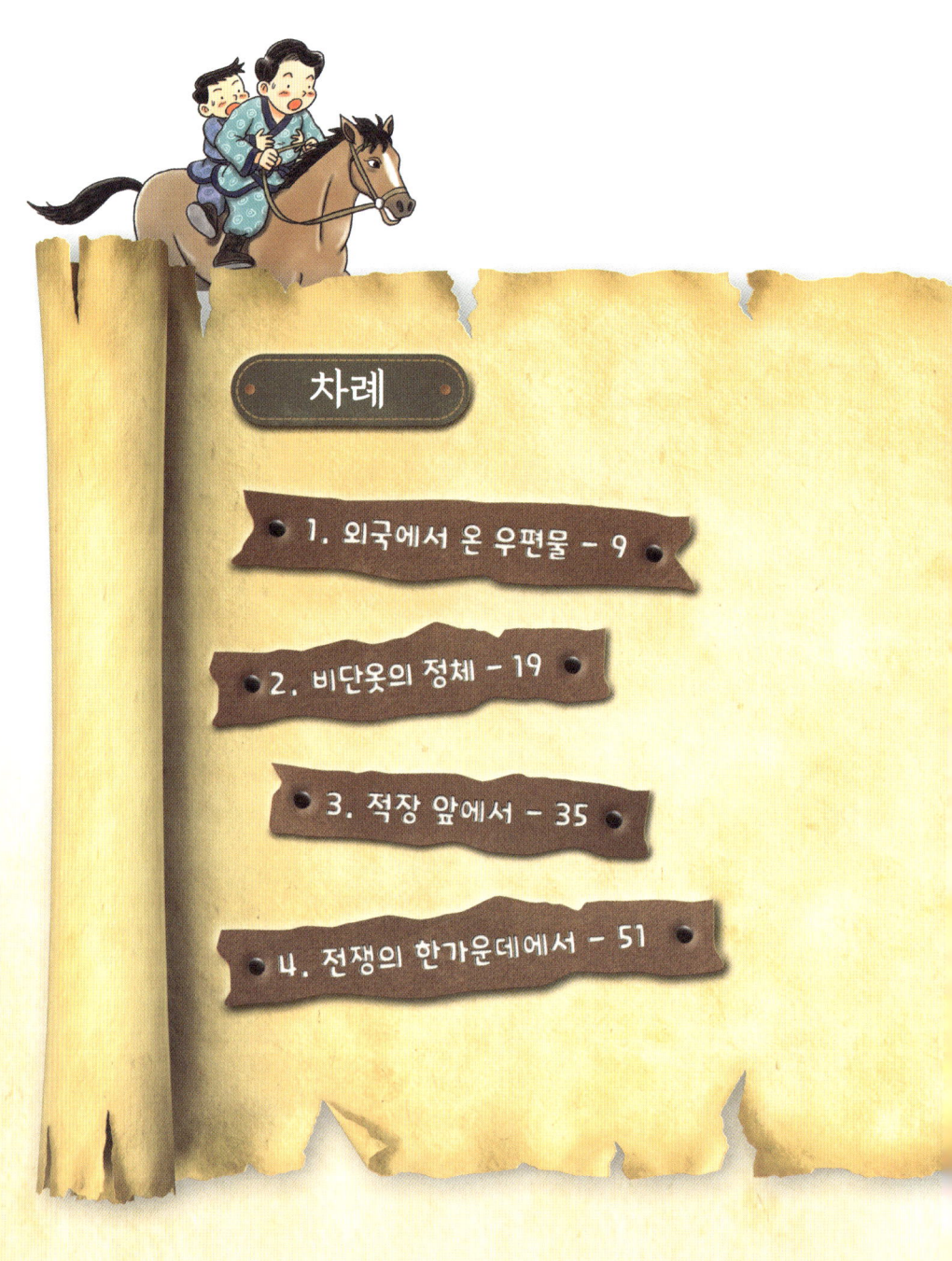

차례

1. 외국에서 온 우편물 - 9

2. 비단옷의 정체 - 19

3. 적장 앞에서 - 35

4. 전쟁의 한가운데에서 - 51

황산벌에서 화랑 관창과 계백 장군을 만나다

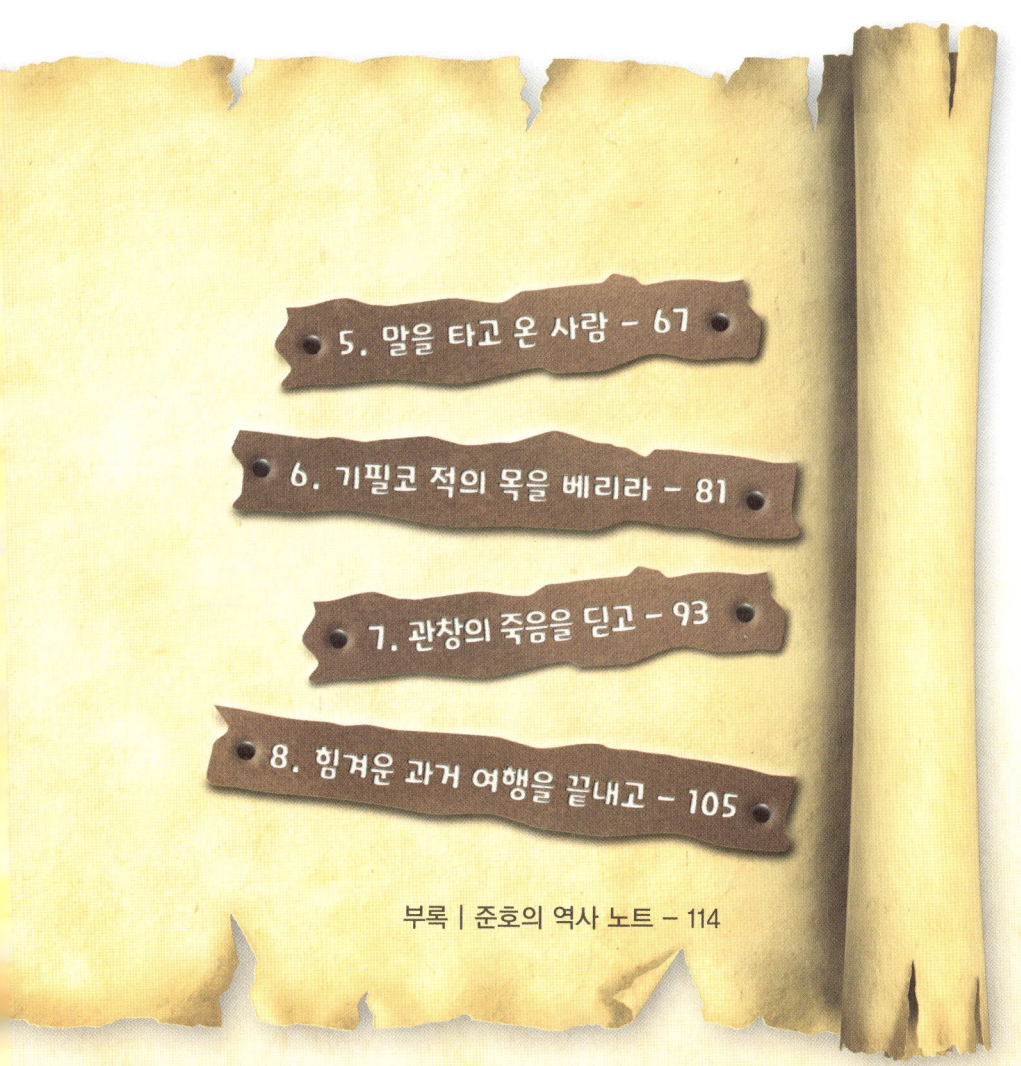

5. 말을 타고 온 사람 – 67

6. 기필코 적의 목을 베리라 – 81

7. 관창의 죽음을 딛고 – 93

8. 힘겨운 과거 여행을 끝내고 – 105

부록 | 준호의 역사 노트 – 114

마법의 두루마리를 펼치기 전에

　역사학자 아빠를 따라 경주로 이사를 간 준호와 민호는 새집 지하실에서 마법의 두루마리를 발견한다. 둘은 마법의 두루마리를 펼쳐 석기 시대, 삼국 시대, 고려 시대, 조선 시대 등으로 과거 여행을 떠난다. 이웃에 사는 수진도 준호와 민호의 비밀을 눈치채고 모험에 함께한다.
　아이들은 과거 여행을 하면서 두루마리의 비밀을 하나둘씩 알게 되고, 과거에서 역사학자 할아버지를 만나 옷을 갈아입는 법도 배운다. 과거에 두고 온 할아버지가 걱정된 아이들은 다시 과거로 가서 두루마리의 마법으로 할아버지를 찾으려 하지만, 실패하고 마는데…….

1. 외국에서 온 우편물

바람이 제법 쌀쌀해진 늦가을 날, 학교에서 돌아온 준호와 민호는 대문 앞에서 우편함을 보고 씩 웃었다.

"아, 있다! 있어!"

민호가 우편함을 들여다보며 말했다.

학교에서 돌아오면 준호와 민호는 집으로 들어가기 전에 대문 앞의 우편함부터 살폈다. 대부분 아빠한테 오는 것이었지만, 우편함에 뭔가 들어 있으면 왠지 반가웠다.

민호가 냉큼 우편물을 꺼냈다. 하지만 봉투에 영어가 쓰여 있자 "형이 읽어 봐." 하고 준호한테 넘겼다.

봉투를 본 준호는 고개를 갸웃거렸다.

"아빠한테 온 게 아닌가 봐. '닥터 최'한테 온 건데? 닥터 최가 누구지?"

민호가 시큰둥하게 말했다.

"잘못 온 거 아냐? 아니면 전에 살던 사람인가?"

준호는 잠시 생각하더니 작게 말했다.

"전에 살던 사람? 그럼 할아버지한테 온 건가?"

"뭐? 할아버지? 외국에서 왜 할아버지한테 편지가 와?"

민호는 깜짝 놀랐다. 그러고 보니 문득 예전에 받았던 전화가 생각났다.

"아참! 저번에 외국 사람한테서 전화 왔는데! 내가 그냥 끊었어. 그럼 그것도 할아버지한테 온 전화였나?"

민호의 말에 준호가 어이없다는 듯이 말했다.

"그 얘기를 왜 지금 해? 아빠 찾는 전화일 수도 있잖아. 아빠한테 말씀드렸어?"

민호는 준호를 빤히 쳐다보며 고개를 살랑살랑 저었다.

열흘 전쯤 민호 혼자 집에 있는데 전화벨이 울렸다. 전화를 받자 상대방이 외국어로 말을 했다. 민호는 "헬로. 아이, 민호. 유, 누구?"라고 말한 다음, 수화기에 귀를 바짝 갖다 댔다. 하지만 아무리 열심히 들어도 무슨 말인지 한마디도 알 수가 없었다. 그래서 잘못 걸었다는 뜻으로 "유, 노, 노오!" 하고 전화를 끊었다.

"지금 말하면 되지, 뭐. 당장 얘기할게!"

민호가 집으로 뛰어 들어가며 말했다. 그러고는 "학교 다녀왔습니다!" 하며 책가방을 아무렇게나 팽개치고는 허둥지둥 전화기 앞으로 갔다.

집 안에서는 고소한 냄새가 났다. 엄마가 부엌에서 맛있는 음식을 만들고 있는 모양이었다.

"다녀왔습니다!"

준호가 소리치자 부엌에서 "그래." 하는 엄마 목소리가 들렸다. 준호는 부엌을 힐끗 보고는 민호에게 다가가 수화기에 귀를 갖다 댔다.

"아빠, 외국에서 전화가 왔었어요. 그래서 내가 '민호'라고 말하고, '유, 노, 노오!'라고 알려 줬어요. 그런데 오늘 우편물 왔는데요, 봉투에 닥터 최라고 쓰여 있어요. 아빠, 닥터 최가 누구예요?"

민호가 횡설수설하는데도 아빠는 다 알아들었다.

"아마 아빠 스승님을 찾는 전화일 거야. 지금 학계에서 스승님을 찾는 사람이 한두 명이 아니거든. 스승님은 우리나라뿐 아니라, 세계적으로 중요한 분이란다."

수화기 너머로 들려오는 아빠 말에 민호는 크게 고개를 끄덕였다. '우와, 할아버지가!' 하고 감탄한 눈치였다.

"혹시 보낸 사람이 스미스 박사 아니더냐?"

아빠가 묻자 준호가 재빨리 우편물을 들여다보며 "닥터 스미스. 맞아!" 하고 고개를 끄덕였다. 민호가 아빠에게 그렇다고 알려 주자 수화기 너머로 아빠의 한숨 소리가 들렸다.

"무슨 일인지 모르겠네. 스미스 박사가 지난번에도 우편물을 보냈는데……."

아빠가 걱정스러운 듯 말끝을 흐렸다.

벌써 두 번째라고? 준호와 민호의 눈이 빛났다. 둘 다 머릿속에 똑같은 생각이 떠올랐다.

'할아버지를 찾아야 해!'

갑자기 준호와 민호는 마음이 급해졌다. 어서 이 사실을 할아버지한테 알려야 할 것 같았다. 스미스 박사가 애타게 찾고 있단 이야기를 들으면, 할아버지도 마음을 바꾸어 과거 여행을 끝내고 집으로 돌아올지 모른다.

민호는 준호와 눈이 마주치자 고개를 끄덕하고는 서둘러 전화를 끊었다.

"형, 빨리 빨리!"

민호가 곧장 현관으로 달려가면서 말했다.

"같이 가!"

준호가 소리치며 쫓아가는데, 엄마가 부엌에서 나와 이상하다는 듯이 말했다.

"민호가 웬일이니? 기름 냄새 맡고 바로 부엌으로 뛰어

올 줄 알았더니."

민호가 먹을 것을 놔두고 그냥 가다니, 해가 서쪽에서 뜰 일이라며 엄마는 어깨를 으쓱했다.

"박수진! 박수진!"

마당에서 민호가 다급하게 수진의 이름을 외쳐 대자 엄마가 대체 무슨 일이냐고 물었다. 준호는 신발을 신으며 대충 둘러댔다.

"수진이한테 할 말이 있대요. 잠깐 수진이랑 얘기하고 올게요."

"여태 학교에서 같이 있었으면서? 하여튼 애들이란!"

엄마는 못 말리겠다는 듯 고개를 저었다.

준호가 나가 보니, 민호는 나무 마루 아지트 밑에서 수진을 재촉하며 발을 동동 구르고 있었다. 바닥에 수북이 깔린 낙엽에서 바스락거리는 소리가 났다.

"야, 박수진!"

민호가 한 번 더 크게 소리치자 집 안에서 수진이 "어!

나가!" 하고 대답하는 소리가 들렸다. 그러고는 눈 깜짝할 사이에 집을 뛰쳐나와 나무 마루 아지트 밑으로 달려왔다. 준호는 그 속도에 혀를 내둘렀다. 과거 여행을 할 때 보면, 민호도 수진도 번개가 따로 없었다.

"빨리 할아버지를 만나야 돼! 외국에서 할아버지한테 우편물이 두 번이나 왔어!"

민호가 지하실로 달려가면서 수진에게 열심히 이야기를 들려주었다. 그리고 잠시 후 세 아이는 "으아아아!" 하는 비명과 함께 감쪽같이 사라졌다.

지하실은 다시 언제 그런 일이 있었냐는 듯 적막에 휩싸였다.

2. 비단옷의 정체

도대체 이곳은 어디일까?

과거에 도착한 순간, 후끈한 열기가 아이들을 덮쳤다. 후텁지근한 공기 속에 시큼하고 비릿한, 기분 나쁜 냄새가 떠돌았다.

뭔가 심상치 않은 기운을 느낀 아이들은 큰 나무 뒤에 숨어 숨을 죽이고 주위를 둘러보았다. 나무 너머로 얕은 산들에 둘러싸인 넓은 들판이 내려다보였다. 높이는 그리 높지 않아도, 제법 가파른 능선을 따라 성벽과 목책이 둘러쳐져 있었다.

성 위에 낮게 쌓은 담인 성가퀴에 누런 깃발과 붉고 푸른 깃발들이 수없이 꽂혀 있었다. 그 주위로 머리에 투구를 쓰고 가슴에 가죽 갑옷을 두른 군인들이 창을 들고는 부하 병사들을 재촉하고 있었다. 머리카락을 틀어 올린 병사들은 누런 깃발을 앞세우고 창이나 낫, 도끼 따위를 든 채 산 위의 병영으로 줄줄이 올라갔다. 더러 말을 끌고 가거나 수레나 들것에 피를 흘리는 부상자를 싣고 가는 이들도 있었다.

"형, 여기 전쟁……. 읍!"

민호가 말을 꺼내는 순간, 준호가 재빨리 입을 틀어막았다. 나무 주위로 병사 서너 명이 다가오고 있었다.

병사들은 몹시 피곤해 보이는 얼굴로 잔뜩 인상을 찌푸린 채 씩씩거렸다. 누런 옷섶을 풀어 헤친 병사가 넌더리를 쳤다.

"서라벌 놈들, 정말 징그럽게도 몰려오네. 도대체 간밤에 몇 번이나 쳐들어온 거야? 수만 많았지, 별것도 아닌 놈들이. 우리 군사들 앞에서 맥도 못 추면서 말이야!"

한여름의 무더위에 병사들의 얼굴과 가슴이 땀으로 번들거렸다.

"잔인한 놈들! 하다 하다 안 되니, 이젠 어린애들까지……."

'어린애'라는 말에 깜짝 놀라, 아이들은 몸을 웅크렸다.

"다들 겁을 먹은 게지. 크허허허!"

한 사내가 가래 끓는 소리로 맞장구를 치자, 일행은 쉬어 빠진 목소리로 웃음을 터뜨렸다.

그 소리가 어찌나 가깝게 들리는지, 아이들은 금방이라도 들킬 것만 같아 온몸이 뻣뻣해졌다.

"애든 어른이든, 서라벌 놈들 다 덤벼 보라고 해!"

---

* 당나라

수나라가 멸망한 뒤, 중국 땅에 세워진 나라. 잘 정비된 제도와 발달된 문물을 바탕으로 7세기 초부터 10세기 초까지 동아시아의 강대국으로 군림하며 주변 국가의 정치, 문화 등에 큰 영향을 끼쳤다. 북쪽의 돌궐족을 정복하고 서쪽으로 무역길(실크로드)을 트기 위해 고창국을 정복하여 영토를 넓혔다. 또 지리적 요충지에 자리 잡은 동아시아의 강자 고구려를 정복하기 위해 여러 차례 쳐들어왔으며, 신라와 군사 동맹을 맺는 등 삼국 관계에 큰 영향을 끼쳤다.

그중 한 사람이 기세 좋게 내뱉자 다른 사람이 주위를 살피며 소리를 낮추었다.

"그게, 지금 서라벌 놈들만 해치운다고 될 일이 아니라네. 기벌포에 당나라* 군대가 당도했다는구먼!"

"뭐, 당나라? 그놈들이 백제* 땅엔 왜! 대체 우리 백제한테 무슨 원수가 져서!"

그 이야기를 끝으로 병사들은 멀어졌다.

준호는 숨을 삼키며 병사들이 사라진 쪽을 바라보았다. 언덕 위의 막사 부근에 많은 사람들이 오가고 있었다.

준호는 방금 전에 병사들이 이야기한 서라벌, 당나라, 백제, 전쟁 따위의 말들을 재빨리 되짚어 보았다.

* 백제
한강 유역을 중심으로 발전한 백제는 일찍부터 서해로 통하는 뱃길과 해상 교통이 발달하여 중국, 일본 등과 활발히 교류했다. 또 넓은 평야와 비옥한 땅, 강의 풍부한 물을 바탕으로 수리 시설을 만들어 벼농사가 크게 발달했다. 백제는 뛰어난 철기 기술로 농기구를 만들어 농업 생산력을 높이고, 이를 바탕으로 찬란한 문화를 꽃피우며 700년 동안 이어졌다. 그러나 고구려의 남하 정책으로 농업과 상업의 요충지인 한강을 내준 뒤 차츰 나라가 기울기 시작하여, 660년 당나라와 신라의 연합 공격에 멸망하고 말았다.

서라벌이라면 신라다. 그런데 당나라가 백제에 쳐들어 왔다면, 삼국 통일 전쟁*이 벌어지던 때로 온 것인지 모른다.

준호는 얼른 두루마리를 찾아 주위를 두리번거렸다. 이내 덤불 밑에 떨어져 있던 두루마리와 모래시계를 발견한 준호는 모래시계를 얼른 민호에게 주고 떨리는 손으로 두루마리를 펼쳤다.

예상대로 왼쪽 지도에 삼국의 경계선이 그어져 있었다. 한반도 아래쪽에 가야 땅이 그려져 있지 않은 것으로 보아

◀ 6세기 삼국의 영토

* **삼국 통일 전쟁**

신라가 고구려와 백제를 멸망시키고 한반도에서 최초로 통일된 나라를 세우며 치렀던 전쟁. 4세기에서 7세기 중엽까지 한반도에서는 고구려, 백제, 신라가 저마다 영토를 늘리기 위해 끊임없이 크고 작은 전쟁을 벌였다. 이러한 삼국 간의 힘겨루기는 신라가 당나라와 힘을 합쳐 백제와 고구려를 멸망시키고 한반도 최초로 통일된 나라를 이루면서 끝났다.

가야가 멸망하고 고구려, 신라, 백제만 있던 때 같았다.

'여긴 충청도 부근 같은데, 여기에 점이 있다면…….'

왼쪽 지도를 곰곰 살펴본 준호는 다시 오른쪽 지도를 빠르게 훑어보았다. 오른쪽 지도에는 구릉을 따라 세워진 작은 산성들과 넓은 벌판, 강줄기 등이 그려져 있었다.

준호는 소리를 낮추고 나지막이 말했다.

"여기, 전쟁터 같아. 잘못하면 첩자로 몰릴 수도 있어. 어서 옷부터 갈아입자!"

수진이 재빨리 고개를 끄덕이며 팻말을 쥐고 두루마리에 갖다 댔다. 수진의 눈짓에 따라 아이들은 소리를 낮추고 주문을 외웠다.

곧 하얀 연기가 피어오르기가 무섭게 아이들의 옷이 싹 바뀌었다. 여느 때처럼 낡은 삼베옷이 아닌, 매우 고급스러운 비단옷이었다. 게다가 신발도 짚신이 아닌, 가죽으로 만든 고급 장화였다.

민호는 좋아서 헤벌쭉 웃었다.

"어우, 번쩍거리는 거 좀 봐! 이거 비단옷인가 봐!"

수진도 기뻐서 입꼬리를 씰룩거렸다. 하지만 곧 민호와 옷이 똑같다는 것을 알고는 입을 삐죽거리며 볼멘소리를 했다.

"에이, 남자 옷이잖아."

비단옷은 마음에 들었지만, 남자인 척하기는 싫은 눈치였다.

민호가 당장 수진을 놀렸다.

"너, 또 입 다물고 있어야겠다. 여자인 거 들키지 않으려면! 벙어리 흉내, 자신 있지?"

수진은 민호에게 눈을 흘기며, '흥! 입 안 다물고, 남자 목소리로 얘기할 거야.' 하고 생각했다.

준호도 바뀐 옷이 불만이었다. 왜 하필 전쟁터에서 화려한 비단옷이란 말인가? 가뜩이나 위험한 전쟁터에서 눈에 띄는 비단옷을 입고 있는 것이 영 마음에 걸렸다. 아무래도 이런 곳에서는 아까 그 병사들처럼 허름한 옷을 입는

것이 더 안전할 것 같았다.

그 순간 멀리서 와아 하는 함성이 솟아올랐다. 아이들은 놀라서 소리가 난 쪽을 돌아보았다. 저 아래쪽에서부터 말을 탄 병사들과 보병들이 깃발을 높이 쳐들고 둥둥둥 북을 울리며 포로들을 끌고 돌아오고 있었다. 싸움에서 크게 이겼는지 돌아오는 병사들도, 병영에서 맞이하는 병사들도 창, 활, 도끼, 쇠갈고리, 낫 따위의 무기를 높이 흔들며 의기양양하게 소리를 질러 댔다. 사기가 한껏 오른 모습이었다.

사방에 흩어져 있던 병사들이 병영 쪽으로 달려가며 함성을 질렀다.

"서라벌 장수를 사로잡았대!"

"내가 뭐랬나? 계백 장군과 함께라면, 천만의 적군도 두렵지 않다고 하지 않았나! 장군께서 '옛날 월나라의 구천은 5천 명으로 오나라 70만 군사를 물리쳤다.'고 말씀하셨지!"

아이들은 나무 뒤에서 동시에 서로를 돌아보았다.

계백 장군이라면, 백제의 그 유명한 장군? 역시 이곳은 백제의 진영임이 분명했다!

"어, 저기 봐!"

"앗, 저 옷은!"

수진과 민호가 손으로 병사들을 가리켰다. 병사들이 끌고 오는 장수의 옷차림이 어딘가 낯익었다. 옷 위에 갑옷을 걸쳐 입기는 했지만, 놀랍게도 그 장수가 입은 옷은 분명 아이들이 입은 것과 같은 비단옷이었다.

수진이 당황해서 말했다.

"어떡해! 우리가 입고 있는 옷은 신라 옷인가 봐!"

민호의 얼굴이 시뻘게졌다.

"우이씨, 두루마리가 어떻게 우리한테 이럴 수가 있어? 우리를 백제군 진영에 떨어뜨려 놓고, 어떻게 신라 옷을 입히냐고!"

준호는 머릿속이 하얘지는 것 같았다. 전쟁터에서 눈에

띄는 비단옷을 입은 것도 마음에 걸리는데, 심지어 그 옷이 적군의 옷이라니!

민호가 다급하게 말했다.

"이 옷은 하나도 도움이 안 돼. 날씨도 더운데 확 벗어 버리자! 저번에 불국사에 갔을 때처럼."

하지만 전쟁터에서 벌거벗고 돌아다니면 더욱 눈에 띌 것이다.

수진이 눈을 반짝이며 말했다.

"그러지 말고 빨리 이곳을 빠져나가서 신라군 쪽으로 가자. 두루마리가 우리한테 괜히 신라 옷을 입혔겠어? 우리더러 신라군 진영으로 가라는 뜻일 거야."

준호는 머릿속이 복잡했다. 수진의 말대로 신라군 진영으로 갈까? 하지만 당장 여기서 어떻게 빠져나간단 말인가? 곳곳에 백제 병사들이 있어서 눈에 띄지 않고 돌아다니기가 쉽지 않아 보였다.

아이들은 일단 병사들이 없는 수풀 쪽으로 자리를 옮겼

다. 능선을 따라 목책과 성벽이 둘러쳐져 있기는 했지만, 어쩌면 도망갈 구멍이 있을지도 몰랐다.

하지만 아이들의 희망은 곧 산산조각 났다. 수풀에서 몇 걸음 옮기기도 전에 아래쪽의 커다란 느티나무 뒤에서 두런거리는 소리가 들렸다.

숨을 죽이고 다가가 보니, 간밤의 전투에 지친 나이 든 병사 몇 명이 나무 그늘 밑에 벌렁 드러누워 한숨을 돌리고 있었다.

"밤새 서라벌 놈들에게 돌을 던지고 활을 쐈더니, 온몸이 쑤시네그려. 이거야 허구한 날 전쟁이니, 집에 가면 농사일이 잔뜩 쌓여 있겠구먼. 주먹밥 한 덩이로 배를 채우며 언제까지 싸워야 하는지, 원!"

가장 나이가 많아 보이는 아저씨가 붉게 충혈된 눈을 끔뻑이며 땅이 꺼질 듯 한숨을 내쉬자, 저마다 한마디씩 거들었다.

"누가 아니랍니까. 한 해 걸러 전쟁이니, 풀은 언제 뽑고 농사는 언제 지으란 건지. 원수 같은 서라벌 놈들!"

"에구, 말도 마십시오. 마누라 배가 이따만큼 부푼 걸 보고 왔는데, 지금쯤 아기를 낳았으려는지……."

병사들의 이야기를 엿듣던 민호가 소곤거렸다.

"아니, 저 아저씨들은 전쟁터에서 누워서 쉬고 있네?"

수진이 안됐다는 듯이 말했다.

"나이가 들어 힘들어서 그런 거야. 우리 아빠랑 비슷한 나이 같은데. 불쌍하다."

준호가 고개를 끄덕였다.

"전쟁이 나면 백성들이 가장 힘들지 뭐. 수풀도 조심해야겠다. 저렇게 쉬고 있는 병사들이 있을 수 있잖아. 여기를 무사히 빠져나가려면……."

그때였다. 아이들의 등 뒤에서 별안간 "네 이놈들!" 하는 호통 소리가 들렸다. 느티나무 밑에 누워 있던 늙은 병사들이 놀라서 벌떡 일어나 후닥닥 달아났다.

아이들은 너무 놀라서 그 자리에 못 박힌 듯 서 있었다.

곧 호통 소리의 주인이 풀숲을 헤치고 다가왔다. 눈매가 날카로운 사내가 병사 두어 명을 거느리고 아이들 앞에서 걸음을 멈추었다. 사내의 손에는 무지막지한 삼지창이 들려 있었다.

3. 적장 앞에서

"웬 놈들이냐?"

사내가 바닥에 삼지창을 내리치며 물었다.

"이제 보니, 신라의 화랑* 놈들 아니냐! 아침나절에 잡혀 온 놈들인가 본데, 어린놈들이 쥐새끼처럼 잘도 빠져나왔구나. 당장 이놈들을 포박해라!"

사내가 소리치자 병사들이 "예, 비장(백제군의 중간급 장교)님!" 하고 달려들어 세 아이를 밧줄로 묶었다.

준호와 민호와 수진은 새파랗게 질려서 군졸들이 잡아끄는 대로 비틀거리며 끌려갔다. 풀숲을 빠져나와 병영 쪽으로 가는 동안, 아이들은 이리 치이고 저리 치이면서 몇 번이나 쓰러졌다 일어났다.

서라벌 장수를 잡은 데 흥분한 병사들이 백제 진영 사방에서 몰려들고 있었다.

"적장을 사로잡았대!"

"빨리 가 보세."

떼를 지어 몰려드는 병사들 때문에 더 나아갈 수 없게 되자, 아이들을 끌고 가던 비장과 병사들도 사로잡힌 신라 장수를 보려고 병사들 너머를 기웃거렸다.

모여든 백제 병사들은 적장을 향해 분노에 찬 고함을 질러 댔다. 그 살벌한 분위기에 아이들은 온몸이 쪼그라드는 것 같았다.

* 화랑
신라의 젊은 인재를 길러내는 수련 조직 또는 거기에 속한 사람을 가리킨다. 귀족의 자제 중 학문을 익히고 용모가 단정한 사람으로 뽑았으며, 화랑마다 밑에 수십 명에서 수백 명의 낭도를 거느렸다. 이들은 함께 모여 공부하고 말타기와 활쏘기 등을 익히며 몸과 마음을 단련했고 충성, 효도, 우정, 전쟁에서 물러서지 않기, 가려서 살생하기 등을 규율로 삼았다. 많은 화랑들이 삼국 통일 전쟁에 참가하여 크게 활약했다. 삼국 통일의 주역 김춘추와 김유신도 화랑 출신이다.

한순간 병사들이 "와아!" 하고 함성을 지르더니, 갑자기 "계백 장군 만세!", "백제 만세!" 하고 땅이 떠나갈 듯 소리쳤다.

무슨 일인가 싶어 고개를 들고 보니, 모여든 병사들 사이로 덩치 큰 장수들이 살벌하게 서 있었다. 그리고 그 가운데에 대장인 듯한 장군이 지휘할 때 쓰는 붉은 대장기를 등진 채, 고리자루칼*의 둥근 칼자루 끝으로 바닥을 짚고 나무 의자에 위풍당당하게 앉아 있었다. 한눈에도 범상치 않아 보였다.

준호는 그 장군이 누구인지 대번에 알아차렸다.

'저 사람이 계백 장군인가 보다!'

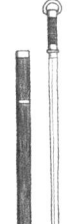

* **고리자루칼**
지휘할 때 쓰는 칼. 실제 무기로도 쓰였으나, 점차 칼자루에 용무늬 등 장식이 더해지면서 칼을 소유한 사람의 높은 신분을 나타내는 상징물로 쓰였다. 주로 왕이나 지배층이 지니던 것으로, 신분에 따라 칼의 재료나 모양, 꾸밈새가 달랐다. 삼국 시대 무덤에서 많이 출토되었으며, 특히 신라의 무덤에서 많이 나왔다.

장군이 한 손을 들자 순식간에 조용해졌다. 장군이 쩌렁쩌렁한 목소리로 말했다.

"네가 겁도 없이 우리 진영으로 뛰어든 그 장수냐? 싸움에서 지고도 기죽지 않고 혼자 몸으로 적진에 뛰어들다니, 적이지만 그 기백이 가상하다. 허나 백제군의 용맹이 그 위에 있구나. 너희 신라군이 아무리 수가 많다 해도 백제군의 기상은 결코 꺾을 수 없을 것이다. 무모하게 백번을 덤빈다 한들, 백전백패일 터! 모두가 백제군 앞에 무릎을 꿇게 되리라!"

장군의 말이 끝나자 백제의 장수들과 군졸들이 일제히 무기를 쳐들고 함성을 질러 댔다.

장군이 다시 우렁차게 소리쳤다.

"어디 용맹한 장수의 얼굴 좀 보자. 투구를 벗겨라!"

적의 장수가 고함을 지르며 반항하는 소리가 들리더니, 잠시 후 병사들이 술렁거렸다. 앞에 있던 장수들도 놀라서 적장을 손가락질하며 수군댔다. 의자에 앉은 장군은 몸을 굽히고 눈썹을 모은 채 적장을 들여다보았다.

도대체 적군 장수가 어떻기에 저러는 것일까?

준호와 민호와 수진도 적군 장수의 얼굴을 보고 싶었지만, 백제 병사들이 에워싸고 있어서 보이지가 않았다. 민호가 궁금증을 참지 못하고 제자리에서 팔짝팔짝 뛰어 보았으나 헛수고였다.

장군이 말했다.

"적장치고는 너무 어리구나!"

장군은 입을 다물지 못했다.

그 순간 느닷없이 준호 옆에 있던 비장이 소리쳤다.

"장군님, 여기 더 어린 놈들도 있습니다!"

그리고는 군졸들과 함께 준호와 민호와 수진을 끌고 앞으로 나아갔다. 병사들이 길을 비켜 주자, 한가운데에 있던 신라 장수의 모습이 보였다.

땀에 젖은 머리칼 밑으로 보이는 솜털이 보송보송한 이마와 짙은 눈썹, 붉게 상기된 뺨과 보드라운 입술. 너무나도 앳된 얼굴의 소년이었다.

조금 전의 술렁임도, 장군의 놀라움도 충분히 이해가 갔다. 그러나 앳된 얼굴에도 소년 장수의 눈빛만큼은 예사롭지 않았다. 소년 장수는 조금도 기죽지 않고 이글이글 타오르는 눈빛으로 장군을 쏘아보았다.

군졸들이 아이들을 소년 장수 옆에 우악스레 무릎을 꿇렸다. 준호와 민호와 수진을 본 장군의 입이 더 크게 벌어졌다.

비장이 잔뜩 힘이 들어간 목소리로 보고했다.

"전투에서 잡혀 온 놈들인데, 몰래 빠져나와 도망치려는 것을 제가 잡아 왔습니다!"

주위에 있던 병사 가운데 하나가 소리쳤다.

"저놈들은 아주 코흘리개네!"

"코흘리개라니! 아예 젖먹이들이구만. 애들아, 가서 엄마 젖 더 먹고 오너라!"

그 말에 백제 병사들이 와하하하 웃어 댔다.

준호와 민호와 수진은 주눅이 들어 눈도 들지 못한 채 사시나무 떨듯 떨었다.

장군이 아이들을 당혹스러운 표정으로 내려다보았다.

"신라군은 이렇게 어린 아이들을 병사로 쓴단 말이냐?"

그 말에 소년 장수가 발끈했다.

"신라군을 모욕하지 마라!"

소년 장수를 지키고 있던 군졸이 창끝으로 소년의 어깨를 세차게 내리쳤다. 소년 장수는 비명도 지르지 않은 채 "윽!" 하고 신음 소리를 안으로 삼켰다.

장군이 굵고 근엄한 목소리로 물었다.

"나이가 몇이냐?"

소년 장수는 장군을 쏘아보며 한 치의 흐트러짐도 없이 대답했다.

"열여섯이다!"

백제 병사들 사이에 다시 한번 술렁임이 일었다. 곳곳에서 놀라움에 겨워 수군거리는 소리와 혀를 차는 소리, 한숨과 분노의 신음 소리가 들렸다.

소년의 대답에 장군의 눈썹이 꿈틀했다.

"열여섯이라……. 어리구나."

그 짧은 말 속에는 놀라움과 난감함이 어지럽게 뒤섞여 있었다.

"이름이 무엇이냐?"

소년이 또랑또랑 대답했다.

"관창*이다!"

그 순간 세 아이의 눈길이 일제히 관창 쪽으로 쏠렸다. '화랑 관창'은 수진과 민호도 익히 알고 있었다.

▲ 《동국신속삼강행실도》에 실린 관창의 모습

* 관창
신라 태종 무열왕(김춘추) 때의 화랑. 어려서 화랑이 되어 낭도들을 거느리고 많은 사람들과 사귀었다. 말타기와 활쏘기에 뛰어나 16세 때 아버지 김품일 장군과 함께 황산벌 전투에 참가했다. 어린 나이에도 나라를 위하여 용맹하게 전투에 나서서 신라군의 사기를 크게 북돋았다.

준호는 덜덜 떨며 생각했다.

'관창이라면……. 황산벌 전투가 한창일 때, 홀로 말을 타고 백제 진영에 뛰어들었다는 신라의 그 유명한 화랑……. 이 사람이 바로 그 관창이라고?'

그렇다면 관창을 심문하고 있는 사람은 준호의 예상대로 계백 장군*이 틀림없었다. 그리고 이곳은 백제와 신라의 치열한 전투가 벌어진 황산벌이다!

준호는 눈앞이 아찔했다. 하지만 민호와 수진은 관창의 얼굴을 훔쳐보느라 정신이 없었다.

계백 장군이 칼자루를 움켜쥐며 물었다.

* 계백 장군

백제의 장군. 신라의 김유신 장군이 5만 명의 군대를 이끌고 백제로 진격해 오자 결사대 5천 명을 뽑아 황산벌로 나갔다. 황산벌은 백제의 수도 사비(지금의 부여)로 가는 마지막 길목으로, 이곳이 신라군에게 뚫리면 백제의 운명이 위태로웠다. 계백의 결사대는 신라군과 비교도 안 될 만큼 적은 수였지만, 험한 곳을 먼저 차지하고 신라군에 맞서 싸워 여러 차례 승리했다.

"어찌하여 너같이 어린 소년이 전쟁터에, 그것도 적진에 홀로 뛰어든 것이냐? 신라에는 그리도 인물이 없더냐?"

관창이 발끈했다.

"장수에게 나이는 중요하지 않다. 나는 신라의 화랑이다! 어리다고 얕보지 마라!"

계백 장군은 껄껄껄 웃었다. 가슴 깊은 곳에서 잔물결처럼 울려 나오는 듯한 웃음소리였다.

어린 장수의 기백에 대한 감탄과 존경, 적군에 대한 경계심과 적개심이 뒤섞인 눈빛으로 계백 장군이 말했다.

"허허, 비록 나이는 어리지만 배포만큼은 여느 장수 못지않구나. 나도 어라하*께 충성을 맹세했다만, 신라왕은

---

* **어라하**

백제의 임금을 가리키던 말. '어라'는 크다는 뜻이고, '하'는 족장이란 뜻으로 추정된다. 곧 어라하는 '대족장'인 셈이다. 신라에서는 임금을 가리켜 '거서간(우두머리)', '차차웅(제사장)', '이사금(연장자)', '마립간(대족장)' 등으로 불렀다. '왕'이라는 말은 중국에서 유래한 것으로, 신라 지증왕 때 나라 이름을 서라벌에서 신라로 바꾸고 중국의 제도를 받아들이면서 쓰기 시작했다.

충성스러운 부하를 두었구나. 조금 전에도 한 무리의 화랑들이 무모하게 덤벼들었다가 일시에 목숨을 잃었다. 그런데도 너는 어찌 죽을 것을 알면서도 홀로 적진에 뛰어든 게냐?"

관창은 비장하게 대답했다.

"이미 나라를 위하여 목숨을 바치기로 맹세한 몸! 전쟁터에 나선 장수가 어찌 죽음을 두려워하겠느냐!"

관창의 말에 백제 장수들이 호통을 쳤다.

"네 이놈, 무엄하다!"

관창 가까이에 있던 백제 장수 하나가 분에 못 이겨 칼자루를 움켜쥐었다. 당장이라도 칼을 뽑아 관창의 목을 벨 기세였다. 다른 장수들도 발을 구르고 고함을 지르며 거친 말을 쏟아 냈다.

계백 장군이 손을 들어 말렸다.

"놔두어라. 기백이 가상하구나."

아이들은 살기등등한 분위기에 몸이 떨리면서도 가슴

한편이 뭉클해 오는 것을 느꼈다. 자신의 목숨을 쥐고 있는 적 앞에서 당당한 관창도 대단했지만, 적군의 용기를 인정해 주는 계백 장군의 됨됨이가 가슴을 울렸다.

계백 장군은 묵묵히 관창을 내려다보더니, 근엄하게 명령했다.

"저 소년 장수를 풀어 주어라."

"네에?"

놀란 장수들이 술렁였다.

"대장군, 안 됩니다!"

"당장 저 당돌한 놈의 목을 베어야 합니다!"

"백제군의 원수를 살려 보낼 수는 없습니다!"

장수들의 반대가 터져 나오는 가운데, 악에 받친 관창의 목소리가 솟구쳐 올랐다.

"나를 죽여라! 욕되게 살아 돌아갈 수 없다!"

아니, 살려 주겠다는데, 죽이라고?

민호와 수진은 입을 벌린 채 관창을 보았다. 도대체 관창은 무슨 생각으로 저러는 것일까?

 그러나 준호는 뭔가를 예감한 듯 고개를 푹 떨구었다.

4. 전쟁의 한가운데에서

관창의 태도는 백제군의 분노에 기름을 부었다. 병사들은 주먹을 흔들고 혀를 차며 관창에게 고함을 질러 댔다.

"이 건방진 놈!"

백제군 장수 하나가 기어이 칼을 뽑아 들었다.

"장군, 저 오만방자한 놈의 목을 베어 백제군의 위엄을 드높여야 합니다!"

다른 장수들도 일제히 칼을 뽑았다.

"겁도 없이 세 치 혀를 놀리는 하룻강아지에게 본때를 보여 줘야 합니다!"

"저 어린놈을 장수로 보낸 것이 수상합니다. 저놈을 살려 보냈다가, 신라 놈들의 계략에 빠질 수도 있습니다!"

장수들의 말을 묵묵히 듣고 있던 계백 장군이 칼자루 끝으로 바닥을 쿵 내리쳤다.

"칼을 거두라! 저 아이의 목을 치는 것이 오히려 적을 이롭게 할 수 있다는 것을 왜 모르느냐!"

계백 장군의 호통에 장수들이 칼을 내렸다.

"신라군은 우리보다 훨씬 수가 많다. 한데 지금까지 네 차례의 전투에서 모두 패했다. 지금 신라군의 사기는 땅에 떨어졌을 것이다. 또한 기벌포*에 당도한 당나라 군대에 식량과 무기를 보급해야 하는데, 우리가 철통같이 길을 막고 있으니 초조할 것이다. 이러한 때에 신라의 나이

---

* 기벌포

금강이 서해로 흘러드는 포구로, 백제의 도읍인 사비성을 지키는 중요한 관문이었다. 삼국 통일 전쟁 당시 당나라의 장군 소정방은 13만 대군을 이끌고 기벌포에 상륙해, 식량과 무기를 싣고 온 신라군과 함께 백제를 공격하기로 했다. 기벌포가 얼마나 중요한 곳인지 미처 깨닫지 못한 백제 의자왕은 당나라 군이 기벌포에 상륙하는 것을 막지 못함으로써 사비성을 내주고 말았다.

어린 장수를 죽인다면 어찌 되겠는가? 저들은 그것을 계기로 전투 의지를 되살리고, 군대의 사기를 드높이고자 할 것이다. 그런데도 저 아이를 죽이자는 말인가! 그대들은 어찌 적을 이롭게 하려 드는가!"

계백 장군은 단호하게 명령했다.

"살려서 풀어 주어라. 반드시 장수의 예를 갖추어 돌려보내야 한다."

계백 장군의 단호한 말투와 서슬 퍼런 눈빛에 장수들은 기가 꺾였다. 분노로 들끓던 장수들의 얼굴에 쓸쓸한 체념의 빛이 떠올랐다. 누구도 더는 반대할 수 없었다.

노란빛이 번쩍이는 황칠 갑옷*을 입은 장수 하나가 입술을 깨물며 말했다.

---

* 황칠 갑옷
갑옷 겉면에 노랗게 반짝이는 황칠나무 진을 바른 갑옷. 햇빛을 반사하여 적을 눈부시게 하는 공격용 갑옷이다. 빛이 나는 갑옷이라는 뜻으로 '명광개'라고도 하며, 주로 지체 높은 장수들이 입었다. 백제와 고구려에서 만든 황칠 갑옷은 품질이 뛰어나 당나라에 수출되기도 했다.

"비장, 놈을 태워 보낼 말을 준비하라!"

그러고는 칼자루 끝으로 관창의 어깨를 찍어 눌렀다.

"윽!"

관창이 외마디 비명을 질렀다. 다른 장수들도 관창의 배를 걷어찼다. 관창은 사나운 발길질에 차이면서도 살아 돌아가지 않으려고 죽을힘을 다해 발버둥 쳤다.

"나를 죽여라! 으윽……."

민호는 이때다 싶었다.

"장군님! 저희도 보내 주세요. 저희는 더 어려요!"

민호의 갑작스러운 행동에 준호와 수진은 입을 벌리고 쳐다보았다. 하지만 곧 여기서 빠져나가려면 지금이 기회라는 생각이 스쳤다. 관창을 살려 보내는 것이 불만인 장수들이 자신들을 곱게 보내 줄 리 없었다.

"네 이놈!"

군졸들에게 끌려가던 관창이 몸부림치며 소리쳤다.

"부끄럽지도 않느냐! 신라의 낭도복을 입고 어찌 백제군에게 목숨을 구걸하느냐!"

군졸들은 악을 쓰는 관창의 입을 틀어막고는 억지로 끌고 갔다.

'낭도복'이라는 말에 움찔해서 민호가 아무 말도 못하자, 준호가 차분한 목소리로 말했다.

"저희가 비록 낭도복을 입긴 했으나, 화랑의 심부름이나 했을 뿐 무술을 익히지는 못했습니다. 장군님, 저희에게도 부디 아량을 베풀어 주십시오."

계백 장군은 찬찬히 준호를 뜯어보았다. 상대를 죽이지 않으면 살아남지 못하는 잔혹한 전쟁터에 있기에는 너무도 어리다는 생각이 든 것일까. 계백 장군의 눈빛이 얼핏 흔들렸다.

"무엇을 망설이십니까, 장군!"

주변의 장수들이 만류하려는 순간, 갑자기 준호와 민호의 옆에서 굵은 목소리가 났다.

"훌륭한 장수는 힘없는 여자와 어린아이를 해치지 않는

다 들었습니다. 장군, 저희를 풀어 주십시오!"

수진이 남자 같은 목소리로 말했다. 민호는 수진의 말에 힘을 얻어 다시금 싹싹 빌기 시작했다.

"맞아요, 우리는 힘없는 어린아이들이에요. 살려 보내만 주신다면, 이 주변에 얼씬도 안 하겠습니다. 제발 살려 주세요!"

수진과 준호도 간절한 표정으로 연신 "살려 주십시오, 장군님!" 하고 애원했다. 만에 하나라도 배낭 속의 두루마리가 발각되면 끝장이었다. 두루마리에는 지도가 그려져 있다. 전쟁터에서 지도를 갖고 있다가 들키는 날엔 첩자로 몰려 죽을 수도 있었다.

아이들은 밧줄에 묶인 가운데서도 바닥에 머리를 조아리며 간절히 빌었다. 밧줄에 묶여 있지 않았다면, 손이 발이 되도록 싹싹 빌었을 것이다.

마침내 계백 장군이 말했다.

"풀어 주어라."

아이들은 실감이 나지 않아 한동안 멍하니 앉아 있었다.

수진이 가장 먼저 정신을 차리고는 계백 장군에게 "고맙습니다!" 하고 굵은 목소리로 인사했다. 뒤따라 민호와 준호도 큰 소리로 "고맙습니다!" 하고 거푸 고개를 숙였다.

장수들이 수군대며 불만을 드러내자, 계백 장군이 자리를 박차고 일어났다. 그러고는 모여 있는 군사들을 둘러보며, 쩌렁쩌렁 울리는 목소리로 외쳤다.

"모든 군사는 들어라! 우리가 싸울 상대는 저런 어린아이들이 아니다. 오래전 우리와 맺었던 동맹*을 깨고 우리 땅을 강탈했던 신라가 지금 5만 대군을 보내 이곳을 지나려 하고 있다. 절대 신라군과 당나라 군이 사비성*으로 가

---

* **동맹**
같은 목적이나 이익을 얻기 위해 함께 행동하기로 약속하는 것으로, 여기서는 신라(나)와 백제(제)의 '나제 동맹'을 가리킨다. 고구려 장수왕이 한반도 남쪽으로 영토를 넓히기 위해 백제와 신라를 공격하자, 433년 백제와 신라는 나제 동맹을 맺어 고구려에 맞섰다. 나제 동맹이 551년 고구려를 공격하여, 백제는 한강 하류를 되찾고 신라는 한강 상류로 진출했다. 그러나 2년 뒤인 553년 신라가 중국과 직접 교류하기 위해 백제의 영토인 한강 하류를 점령하면서 나제 동맹은 깨지고, 백제와 신라는 빈번하게 전쟁을 벌이게 되었다.

게 해서는 안 된다! 신라의 얕은수에 흔들리지 마라! 용맹한 백제의 군사답게, 어라하와 백제를 위해 죽기로 맞서 싸워라!"

"네!"

병사들의 결의에 찬 목소리가 성안 가득 울려 퍼졌다.

아이들은 존경에 찬 눈빛으로 계백 장군을 우러러보았다. 과연 백제를 지키기 위해 목숨을 바쳐 싸우면서도, 나이 어린 적장을 살려 보낼 만큼 아량이 있는 명장다웠다.

"놈들을 데려가라!"

장수의 명령에 따라 아이들은 관창과 함께 군졸들에게 끌려갔다.

▲ 백제문화단지에 재현된 사비성의 궁궐

* **사비성**
지금의 충남 부여에 있던 백제의 도읍으로 한성(지금의 서울), 웅진(공주)에 이은 세 번째 도읍이다. 평지에 둘러쌓은 성이었지만 산과 강에 에워싸인 천혜의 요새로, 외부의 공격을 막기에 유리했으며 항구를 이용하여 중국, 일본 등과 교류하기에도 좋았다.

군졸들은 창으로 관창을 거칠게 밀치며 삭였던 분을 터뜨렸다.

"장군님의 아량 덕분이니 고마운 줄 알아라!"

아이들은 겁에 질려 입도 뻥끗 못 했다.

붉고 푸른 깃발이 수없이 꽂혀 있는 성곽 주위에는 지난밤의 격렬했던 전투를 보여 주듯 무너진 돌 더미와 화살들이 어지럽게 흩어져 있었다. 병사들이 조를 이루어 활과 쇠뇌* 따위를 주우며 성곽 주변을 정리했다.

뾰족한 마름쇠*가 깔려 있는 성문 앞을 지나자 격렬한 전투 끝에 반쯤 허물어진 목책이 나타났다. 목책 사이사

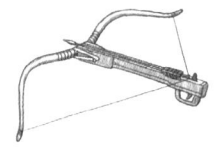

* 쇠뇌

화살이 좀 더 힘차게 멀리 날아가도록 활에 다는 장치, 또는 그 장치가 달린 활. 산이 많은 우리나라에서는 적이 쳐들어오면 주로 들판을 비우고 성이나 산성에 들어가 싸웠다. 이 때문에 멀리 있는 적을 공격할 수 있는 활이 주요 무기가 되었다. 쇠뇌를 이용하면 좀 더 먼 곳까지 화살을 쏘아 보낼 수 있었다. 덕분에 적군의 기병이 쏘는 활의 사정거리 밖에서 말과 기병을 공격할 수 있었다.

이로 찢어진 깃발과 창, 화살에 맞아 쓰러진 시체들이 보였다. 목책 너머 벼들이 거뭇하게 자란 들판에도 병사들이 무수히 쓰러져 있었다.

황산벌.

아마도 저 벌판이 그 격렬했던 역사의 현장 같았다.

아이들은 서로 부둥켜안고 덜덜 떨었다. 눈을 돌리고 싶었지만, 사방에 시체들이 널려 있어서 피할 수가 없었다. 백제의 군졸들과 관창이 그 모습을 한심하다는 듯이 바라보았다.

목책 앞에서 군졸들은 몸부림치는 관창을 억지로 말에 태웠다. 그리고 "이랴!" 하고 채찍으로 말의 엉덩이를 힘차게 때렸다. 관창을 태운 말이 요란한 발굽 소리를 울리

* 마름쇠
송곳처럼 뾰족한 네 개의 발이 달린 쇠못. 적의 이동 방향에 촘촘히 깔아 놓아 보병과 말의 발에 치명상을 입히는 무기로 사용했다. '철질려'라고도 한다.

며 앞으로 달려 나갔다.

"뭘 꾸물거리는 게냐? 썩 꺼지지 않고!"

사시나무 떨듯 떠는 아이들에게 군졸이 소리쳤다.

민호가 눈물을 글썽이며 물었다.

"저희는 말 안 줘요?"

군졸이 눈을 부라리며 호통을 쳤다.

"이 뻔뻔스러운 놈! 풀어 주는 마당에 말까지 내주랴?"

민호는 눈물을 줄줄 흘리며, 누구는 말에 태워 보내고 누구는 걸어서 가란 거냐며 중얼거렸다.

군졸들의 분노가 폭발했다.

"목이 날아가야 정신을 차리겠느냐? 썩 꺼지지 못해?"

아이들은 기겁해서 걸음아 날 살려라 뛰기 시작했다.

하지만 곧 걸음이 느려졌다. 머리 위에서는 늦여름의 태양이 이글거렸고, 벌판 곳곳에는 피를 흘리며 죽어 간 시체들이 나뒹굴고 있어 마음 놓고 달릴 수가 없었다.

"꺄악! 사, 살아 있어!"

수진이 비명을 지르며 뒷걸음질 쳤다. 피투성이가 된 채 아직 숨이 채 끊어지지 않은 사람이 발치에서 꿈틀거리고 있었다.

"빨리 여기를 벗어나자!"

준호가 수진의 팔을 잡아끌었다. 준호는 구역질과 현기증을 참으며 시체들 사이를 비틀비틀 나아갔다.

황산벌은 그야말로 지옥이었다. 찢어진 깃발, 활과 창, 불에 탄 잡초 사이로 칼에 베이거나 도끼에 쓰러진 사람들, 창에 찔려 고꾸라진 사람들, 화살이 꽂힌 채 나동그라진 사람과 말의 시체가 쌓여 있었다.

아이들은 땀과 눈물로 범벅이 된 채 서로의 손을 잡아끌며 지옥 같은 벌판을 휘적휘적 나아갔다.

전쟁은 너무나 끔찍했다. 도대체 누구를 위해 이 끔찍한 싸움을 벌인 걸까. 전쟁 이야기라면 사족을 못 쓰는 민호조차 눈앞에 펼쳐진 참혹한 광경에 치를 떨었다. 이야기나 텔레비전으로 볼 때는 그저 손에 땀을 쥐는 모험쯤으로 여겨졌던 전쟁이, 이렇게 끔찍할 줄은 미처 몰랐다.

온통 시체 천지인 벌판에서 세 아이는 주저앉아 울음을 터뜨렸다. 머리 위로 까마귀 서너 마리가 날아가며 까악까악 스산하게 울었다.

아이들은 초점 없는 눈으로 멍하니 허공을 바라보며 하염없이 눈물을 쏟았다. 그때 어디선가 아득한 말 울음소리가 들렸다.

잠시 뒤 아이들 앞에 말이 멈추어 서더니, 누군가가 말에서 내렸다.

"그만 일어나라."

어디선가 들어 본 듯한 목소리, 귀에 익은 목소리였다.

5. 말을 타고 온 사람

수진이 몸을 일으키며 소리쳤다.

"할아버지!"

말에서 내린 사람은 놀랍게도 역사학자 할아버지였다. 아이들은 구세주를 만난 듯 할아버지에게 달려가 부둥켜안고 뜨거운 눈물을 쏟았다. 할아버지를 만난 안도감과 전쟁터에서 받은 충격이 뒤범벅되어 감정이 북받쳐 올랐다.

할아버지는 아이들의 등을 토닥이며 마음을 진정시켰다. 이내 할아버지가 품 안으로 파고드는 아이들을 살며시 떼어 놓으며 말했다.

"이러고 있을 시간이 없다. 여긴 너무 위험해. 빨리 여기를 빠져나가야 한다. 어서 말에 올라타라!"

아이들이 정신을 차리고 보니, 할아버지 옆에 말 두 마리가 있었다. 할아버지는 말 한 마리에 준호와 민호를 태우고는 준호에게 말고삐를 건넸다.

"이 고삐를 잡아라."

준호는 얼떨결에 고삐를 받아 쥐었다.

"저는 말을 탈 줄 모르는데요."

준호가 당황하자 할아버지가 안심시켰다.

"괜찮다. 말들이 알아서 갈 게다. 고삐만 단단히 쥐고 있어라."

할아버지는 또 다른 말에 수진을 태운 다음 자신도 올라탔다. 수진이 몸을 숙여 말을 끌어안고 쓰다듬자, 말이 히이잉 하고 반기며 꼬리를 털었다.

"자, 가자!"

할아버지가 용머리 지팡이를 휘두르자 말들이 천천히 움직였다.

안장이 없는데도 이상하게 불편하지 않았다.

말들은 시체를 피해 나아가더니, 이내 한적한 숲속의 오솔길로 접어들었다. 말들이 점차 속력을 내면서 경쾌한 발굽 소리가 울리기 시작했다.

서늘한 숲의 공기를 가르며 달리자 마음이 한결 가벼워

졌다. 어느덧 수진과 민호는 조금 전의 충격에서 벗어나 말을 타고 달리는 짜릿함을 즐겼다. 바람을 가르며 달려가는 상쾌함은 뭐라 표현할 길이 없었다.

하지만 준호는 말고삐를 움켜진 채 얼굴이 하얗게 질렸다. 들판에 진동하던 피비린내가 좀처럼 잊히지 않았다.

말 위에 올라탄 뒤로 준호는 속이 울렁거려 금방이라도 토할 것만 같았다.

"워, 워!"

할아버지가 말고삐를 당기자 말이 속도를 늦추며 서서히 멈춰 섰다.

준호는 거의 떨어지다시피 말에서 내려, 허둥지둥 커다란 나무 밑으로 기어가 구역질을 했다.

할아버지가 말에서 내려 준호의 등을 쓸어 주었다. 뒤따라 말에서 내린 수진과 민호도 걱정스러운 표정으로 준호를 보았다.

"이제 좀 괜찮으냐?"

* 식량
전쟁을 하려면 군사들에게 먹일 식량이 필요하다. 특히 멀리서 쳐들어온 군대는 식량 때문에 많은 어려움을 겪었다. 수나라나 당나라가 엄청난 수의 군대를 동원하고도 고구려를 무너뜨리지 못한 이유 중 하나도 식량이 모자랐기 때문이다. 황산벌 전투 당시 신라는 백제를 공격하러 온 당나라 군대에 식량을 보급하고 함께 싸우기 위해, 5만 명의 군사가 수레에 식량을 싣고 황산벌을 지나 백제의 수도 사비로 갔다. 이후 신라는 당나라 군이 고구려를 공격할 때도 식량을 보급해 주었다.

준호가 말없이 고개를 끄덕였다.

"바로 저기가 신라군 진영이다."

아이들은 눈을 들어 할아버지가 가리킨 곳을 보았다.

아이들이 있는 곳에서 그리 멀지 않은 곳에 군사들과 말들이 새까맣게 모여 있었다. 식량*과 무기 자루가 잔뜩 쌓여 있는 어마어마한 수레들과 투석기들 너머로 커다란 깃발이 꽂힌 막사가 보였다. 진영 곳곳에서 수많은 깃발들이 휘날렸다.

말* 위에 붉은 기를 꽂고 북을 울리며 달려가는 기병 주위로 병사들이 고함을 지르며 몰려갔다. 그 엄청난 병사

* 말

삼국 시대에는 주로 말 탄 기병이 활을 쏘거나 창을 들고 달려 나가 적군의 전열을 흩뜨리면, 뒤따라 보병이 창을 들고 나아가 싸웠다. 말은 전쟁에 필요한 식량과 무기 등을 실어 나르는 데도 큰 몫을 했다. 이 때문에 삼국은 전쟁에 나가는 말이 다치지 않도록 갑옷을 입히고 투구를 씌워 보호했으며, 목장과 관청을 두어 말을 특별히 관리했다. 군대에도 말을 돌보는 병사가 따로 있어 말의 발굽을 다치게 하거나 말을 잘못 다루면 큰 벌을 받았다.

와 말, 수레의 규모에 아이들은 입을 다물 수가 없었다. 백제군보다 족히 열 배는 많은 것 같았다.

할아버지는 눈을 번뜩이며 주위를 살피더니, 비단 저고리에서 재빨리 두루마리를 꺼내 위로 던졌다. 허공에서 펼쳐진 두루마리를 용머리 지팡이로 건드리자, 눈 깜짝할 사이에 아이들이 타고 온 말들이 두루마리 속으로 빨려 들어갔다. 마치 모래시계가 두루마리 속으로 들어가듯이!

아이들은 놀라서 멍하니 허공만 쳐다보았다. 그 큰 말들이 어떻게 저 작은 두루마리 속에 들어간 걸까?

수진은 도저히 못 믿겠다는 듯 두루마리를 빤히 바라보았다. 두루마리는 아무 일도 없었다는 듯 할아버지의 손에 얌전히 쥐어져 있었다.

민호가 눈이 튀어나올 듯 크게 뜨고 물었다.

"우리 두루마리는 그렇게 할 수 없나요?"

할아버지는 대답 대신 고개를 저었다. 그러고는 재빨리 저고리 속에 두루마리를 집어넣고 서둘러 말했다.

"모래시계를 꺼내 보아라."

준호는 옷 속에 감춰져 있던 배낭에서 모래시계를 꺼내 할아버지에게 건넸다.

"시간이 얼마 안 남았구나. 남은 시간 동안 여기에 얌전히 있다가 집으로 돌아가거라."

할아버지는 그렇게 말하고 황급히 돌아섰다.

민호가 할아버지의 바짓가랑이를 붙들었다.

"안 돼요! 할아버지!"

수진도 재빨리 할아버지의 손을 잡고 늘어졌다. 준호도 허둥지둥 배낭을 다시 메며 길을 막아섰다.

"우리를 두고 어디 가시는 거예요?"

"이렇게 위험한 전쟁터에!"

"말도 안 돼!"

아이들이 할아버지를 잡아당기는 통에 네 사람은 한데 뒤엉켜 엉덩방아를 찧고 말았다. 할아버지는 얼굴을 찡그리며 조용히 하라는 신호를 보냈다.

"쉿! 여기는 전쟁터다!"

민호가 소리를 낮추고 속삭였다.

"지금 할아버지를 찾는 사람들이 얼마나 많은지 아세요? 외국에서 우편물도 왔단 말예요. 전화도 오고요! 제가 받았는데, 막 알 수 없는 말을 하더라고요. 그러니까 우리랑 같이 돌아가요!"

할아버지가 준호를 쳐다보았다.

준호가 목소리를 낮추고 설명했다.

"무슨 일인지는 아빠도 모른대요. 할아버지한테 온 우편물을 함부로 뜯어 볼 수 없다면서요. 아무튼 스미스 박사님이 우편물도 보내고, 전화도 했대요."

"스미스 박사? 칼 스미스?"

할아버지가 묻자 준호는 고개를 끄덕였다.

스미스 박사라는 말에 잠시 망설이던 할아버지는 이내 고개를 저으며 단호하게 말했다.

"나는 아직 과거에서 할 일이 남아 있다. 얼마 안 남았으니, 먼저 가 있어라. 때가 되면 돌아갈 테니. 여긴 너무 위험해. 어서 돌아가거라!"

준호가 낮은 목소리로 다급하게 덧붙였다.

"이렇게 헤어지면 언제 다시 만날지 모르잖아요. 할아버지한테 연락하고 싶어도 할 수 없고요."

할아버지가 속삭였다.

"걱정 마라. 너희가 과거에 오면 다 알 수 있으니까. 전할 말이 있으면, 과거에 처음 도착한 자리에 남겨 두어라. 그럼 내가 가서 확인할 테니. 됐지?"

아이들은 동시에 물었다.

"안다고요? 어떻게요?"

그렇다면 오늘도 할아버지는 아이들이 과거에 온 것을 알고 도와주러 온 것일까?

"우리가 두루마리한테 빌어서, 두루마리가 할아버지를 데려온 거 아니에요?"

수진이 묻자 민호도 할아버지의 저고리를 힐끗거리며

말했다.

"할아버지 두루마리 좀 보여 주세요. 우리 거랑 뭐가 다른 거예요?"

"안 된다! 이 두루마리는 아무나 다룰 수 있는 게 아니야!"

할아버지는 딱 잘라 말하고는 엄한 얼굴로 아이들에게 일렀다.

"여기 얌전히 있다 돌아가거라."

그러고는 돌아서서 멀리 병사들이 보이는 신라군 진영 쪽으로 걸어갔다. 아이들도 할아버지를 졸졸 쫓아갔다.

할아버지는 걸음을 멈추고 아이들을 돌아보았다. 그러고는 "흐으음……." 하고 깊은 한숨을 내쉬더니 짧게 고개를 끄덕였다.

"어차피 시간도 얼마 안 남았으니, 역사의 현장을 보고 가는 것도 나쁘지 않겠지. 다행히 신라의 낭도복을 입었으니 크게 눈에 띄지 않겠구나. 대신 조용히 해야 한다."

그러고 보니 할아버지의 옷도 아이들의 옷과 비슷했다. 신라의 귀족이나 관리의 차림새인 듯, 머리에 검은 모자를 쓰고 무릎 아래까지 내려오는 연자줏빛 비단옷에 허리띠를 하고 있었다.

할아버지는 가죽신으로 무성한 풀들을 밟아, 아이들이 걷기 쉽도록 길을 내주었다. 쇠솥과 나무 그릇들이 즐비한 공터를 지나자 막사 주변에 사람들이 웅성거리며 서 있었다.

할아버지와 아이들은 창을 든 보초병들과 무리를 지어 모여 있는 사람들의 눈을 피해 비교적 경계가 느슨한 곳으로 그림자처럼 다가갔다.

천이 갈라진 틈새로 막사 안을 들여다보는데, 안에서 갑자기 벼락같은 호통 소리가 났다.

"네 이놈!"

아이들은 놀라서 하마터면 뒤로 자빠질 뻔했다.

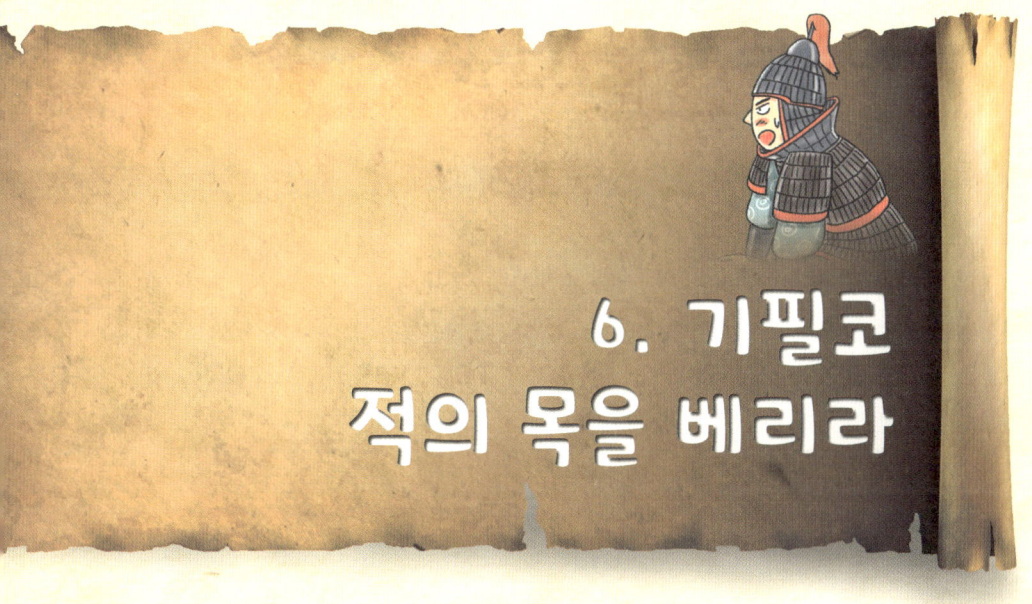

6. 기필코
적의 목을 베리라

"어찌하여 살아 돌아온 것이냐! 백제 놈들에게 목숨을 구걸한 것이냐!"

화려한 갑옷을 입은 사내가 매서운 눈빛으로 누군가를 호되게 꾸짖었다.

아이들은 누구한테 저렇게 호통을 치나 싶어 틈새로 천막 안을 들여다보았다.

놀랍게도 조금 전에 보았던 관창이 바닥에 무릎을 꿇고 앉아 있었다. 관창은 투구도 벗지 않은 채, 칼을 찬 장수들 틈에서 고개를 푹 숙이고 있었다.

'관창이야!'

민호가 입 모양으로 말하자 준호가 고개를 끄덕였다.

"가문의 수치다!"

갑옷을 입은 사내는 고개를 푹 떨어뜨리고는 몸을 부르르 떨었다.

"이보게, 김품일 장군*. 아무려면 목숨을 구걸하였겠는가. 자네 아들이 아닌가! 관창의 이야기를 들어 보세."

막사 한가운데 앉아 있는 백발의 장군이 말했다.

'자네 아들?'

아이들은 어리둥절해서 고개를 갸웃거렸다. 관창에게 호통을 친 사람이 관창의 아버지라고? 어째서 아버지가 아들한테 살아서 돌아왔다고 야단을 치는 걸까?

관창의 아버지는 숨을 깊이 들이마시고는 백발의 장군

---

* 김품일

신라 태종 무열왕 때의 장군. 관창의 아버지로, 김유신이 신라군을 이끌고 황산벌 공격에 나설 때 함께했다. 계백 장군이 이끄는 백제군에 신라군이 거듭 패하고, 장군 김흠순의 아들 화랑 반굴이 김흠순의 명을 받아 적진으로 나가 싸우다 죽자 김품일도 아들인 화랑 관창을 적진으로 내보냈다.

을 향해 소리쳤다.

"김유신 대장군, 제 아들의 어리석음을 용서하지 마십시오! 신라군의 명예를 더럽힌 죄를 엄히 다스려 주십시오!"

'김유신'이라는 말에 민호의 입이 쩍 벌어졌다. 민호는 틈새에 얼굴을 바짝 갖다 대고 뚫어질 듯 바라보았다.

흰머리의 장군이 가죽 갑옷을 입고 나무 의자에 앉아 있었다. 다른 장수들에 가려 얼굴을 자세히 살필 수는 없었지만, 흰머리와 수염만큼은 똑똑히 알 수 있었다.

민호는 깜짝 놀랐다. 김유신 장군이 신라의 장군이라는 것은 알았지만, 삼국을 통일할 때 이렇게 나이가 많았는지는 몰랐다.

"할아버지 장군이야."

민호가 속삭이자 "어디, 어디?" 하고 수진도 틈새로 얼굴을 바짝 들이댔다.

할아버지가 수진과 민호의 어깨를 붙잡고는 얌전히 있

으라는 듯 엄한 눈빛을 보냈다.

김유신 장군이 위엄에 찬 손짓으로 관창의 아버지를 진정시키고는 천천히 입을 열었다.

"다친 곳은 없느냐?"

관창의 목소리가 갈라졌다.

"없습니다."

김유신 장군은 짧게 고개를 끄덕였다. 그리고 굵은 목소리로 모두에게 들리도록 말했다.

"네가 화랑 중의 화랑임을 내가 알고 있다. 계백이 너를 살려 보내더냐?"

"예, 대장군."

관창은 고개를 숙이고 조금 작은 소리로 대답했다. 그러나 이내 소리를 높여 자신의 뜻을 밝혔다.

"허나 욕되게 살 생각은 추호도 없습니다! 제 목숨은 이미 나라에 바쳤으니, 다시 적진으로 가겠습니다. 기필코 적장의 목을 베고 적의 깃발을 빼앗아 오겠습니다!"

김유신 장군은 말없이 관창을 내려다보았다. 그 눈길에는 관창에 대한 굳은 믿음이 깃들어 있었다.

관창의 아버지가 떨리는 목소리로 말했다.

"이번에야말로 가문과 나라를 위하여 큰 공을 세울 때이

다! 이 길로 적진에 나아가 적장의 목을 베어 오너라. 적장의 목을 가져올 수 없다면, 반굴이 그러했듯 결코 살아 돌아와서는 아니 될 것이다!"

민호와 수진은 자기 귀를 의심했다. 어떻게 아버지가 아

들에게 살아 돌아오지 말라고 말할 수가 있을까? 게다가 적진에서 간신히 돌아온 지 얼마 되지도 않았는데!

하지만 준호와 할아버지는 별로 놀라지 않은 눈치였다. 준호는 뭔가를 알고 있는 듯 심각한 표정이었고, 할아버지는 무거운 얼굴로 막사 안에서 들리는 소리에 귀를 기울이고 있었다.

막사 안에 있던 장수 하나가 거들고 나섰다.

"대장군, 서둘러야 합니다. 오늘이 당나라 소정방* 장군과 함께 사비성을 치기로 약속한 날입니다. 이미 소정방의 군대가 기벌포에 당도하여 눈 빠지게 기다리고 있을

---

* **소정방**

중국 당나라의 장군. 돌궐족을 공격하여 중앙아시아의 여러 나라를 평정하는 등 명성을 떨쳤다. 당나라와 신라의 군사 동맹에 따라 배 1,900여 척에 13만 대군을 싣고 와서 신라군과 함께 백제의 도읍인 사비성을 함락시켰다. 신라를 얕잡아 본 소정방은 김유신이 이끄는 신라군이 황산벌에서 결전을 치르느라 약속 날짜보다 늦게 도착했다 하여, 신라의 장군 김인문을 죽이려 했다. 이에 김유신이 도끼를 들고 불같이 화를 내며, "그렇다면 당나라 군과 먼저 싸우고 백제를 공격하겠다."고 하자 그제야 소정방이 물러섰다고 한다.

텐데, 이 이상 진군이 늦어져서는 안 됩니다. 나당 동맹*을 맺고 백제를 치기 위해 배를 타고 먼 길을 온 그들입니다. 한시가 급합니다!"

그 옆의 장수도 거들었다.

"그렇습니다, 대장군. 소정방은 성질이 몹시 고약하여, 약속을 지키지 못하면 무슨 트집을 잡을지 알 수 없습니다. 김흠순 장군의 말대로 한시바삐 백제군을 물리치고 사비성으로 진격해야 합니다. 이미 백제군이 황산벌에 당도하여 세 산성에 단단히 진을 치고 있고, 무더위 속에서 보름 동안 숱한 고개를 넘어온 우리 병사들은 지칠 대로 지쳐 있습니다. 앞서 네 차례의 전투에서 많은 병사들이

*** 나당 동맹**

642년경 백제에 대야성을 비롯해 서쪽 국경의 대부분을 잃은 신라는 내부 싸움에 휩싸였다. 이를 수습하기 위해 신라의 김춘추는 당나라에 가서 백제와 고구려를 함께 무너뜨리고 영토를 나누어 갖자고 제안했다. 거듭된 공격에도 고구려를 무너뜨리지 못했던 당나라 황제 태종이 신라의 제안을 받아들여 648년 신라와 당나라는 나당 동맹을 맺었다. 660년 신라는 당나라의 13만 대군과 함께 백제를 멸망시킨 뒤, 잇달아 고구려도 무너뜨렸다.

죽은 데다, 오늘은 화랑 반굴이 목숨을 잃었습니다. 자칫하면 대야성 전투*와 같은 결과를 반복할 수도 있습니다. 한시라도 빨리 관창을 내보내 신라의 5만 군사가 떨쳐 일어나 총공격을 퍼붓도록 해야 할 것입니다."

잠시 생각에 잠겼던 김유신 장군은 이내 위엄에 찬 목소리로 명령했다.

"관창을 보내라! 그리고 모든 신라군에게 관창의 이야기를 전해 결전의 의지를 다지도록 하라!"

장군의 말이 떨어지자, 관창이 막사 밖으로 나가려고 몸을 일으켰다.

천막의 틈새로 엿듣고 있던 할아버지는 고개를 떨어뜨

---

* 대야성 전투
642년에 백제는 신라의 대야성을 공격하여 빼앗았다. 이 전투의 패배로 신라는 성을 지키던 김춘추의 사위 김품석을 비롯해 많은 장수들이 목숨을 잃었으며, 서쪽 국경에 있던 40여 개의 성을 잃고 압량주(지금의 경북 경산)까지 후퇴했다. 신라는 이 위기를 당나라와 적극적으로 외교를 하여 돌파했다. 이후 648년 김유신이 대야성을 비롯해 백제에 빼앗긴 지역 대부분을 되찾으면서 신라는 백제보다 강한 나라로 발돋움했다.

리고는 막사 뒤쪽으로 조용히 물러났다. 아이들이 다가가자 할아버지가 한숨을 내쉬며 중얼거리듯 말했다.

"신라군의 사기를 높이기 위해 어린 관창의 목숨을 이용하다니……. 전쟁은 참으로 비정하구나!"

민호가 소리를 낮추고 물었다.

"할아버지, 설마 관창이 다시 백제군한테 가는 건 아니죠? 좀 전에 계백 장군이 풀어 줘서 겨우 돌아왔는데, 설마 다시 가는 거예요?"

수진은 이제 무슨 일이 벌어지는지 이해한 듯, 화가 난 얼굴로 이를 악물고는 부들부들 떨었다.

"지금 관창을 보내라고 했잖아! 할아버지, 저 사람 진짜 관창의 아버지 맞아요? 무슨 아버지가 저래요? 어떻게 자기 아들한테 죽으라고 할 수가 있어요?"

할아버지가 놀라서 수진의 입을 틀어막았다. 흥분해서 목소리가 높아진 것이다.

다행히 관창이 아버지와 함께 밖으로 나가는 바람에 사

람들의 관심이 그쪽으로 쏠렸다.

　할아버지와 아이들은 조금 떨어진 곳에서 관창의 뒤를 쫓아갔다.

7. 관창의 죽음을 딛고

관창은 신라 군사들에 둘러싸여 있었다. 할아버지와 아이들도 자연스럽게 그 틈에 끼어들었다.

관창의 아버지가 말 앞에서 관창을 불러 세우고 외쳤다.

"아들아, 네 비록 열여섯 살 어린 나이나, 누구보다 용감하고 기개가 드높다. 적진으로 나아가, 오늘의 싸움에서 능히 신라군의 모범이 되어라!"

관창은 자신을 따르는 낭도들 앞에서 슬픔을 누르고 씩씩하게 대답했다.

"예!"

들판을 울리는 결연한 목소리에 주위가 숙연해졌다. 관

창은 주먹으로 우물물을 한 움큼 움켜쥐더니 입가에 갖다 댔다. 땀과 물이 뒤섞여 목을 타고 흘렀다. 이글거리는 태양 아래서 목을 적신 관창은 당당하게 서서 들판 너머 백제 진영을 똑바로 바라보았다.

해가 머리 꼭대기에서 뜨겁게 내리쬐고 있었다. 가만히 있어도 땀이 줄줄 흐르는 무더위에 갑옷으로 무장을 한 관창의 얼굴에서 땀이 비 오듯 쏟아졌다. 하지만 자세는 조금도 흐트러지지 않았다.

관창이 창을 쳐들고 우렁차게 외쳤다.

"낭도들이여, 이제 우리에게는 오직 전진이 있을 뿐, 후퇴는 없다! 물러서는 자는 그 자리에서 목을 벨 것이다! 승리를 위해, 신라를 위해, 용감하게 나서라!"

낭도들이 창을 높이 쳐들고 함성을 질렀다. 이 모습을 바라보던 김유신 장군과 참모들이 손을 들어 격려했다.

마침내 관창은 결연한 얼굴로 쇠 투구와 쇠 갑옷으로 무장한 말에 올랐다. 깃발을 든 기수가 맨 앞에 서고, 그 대열을 따라 창을 든 낭도들이 가지런히 줄지어 섰다.

 관창이 오른손을 쳐들자 선두에 선 기병이 깃발을 높이 들었다. 황산벌의 치열한 싸움을 예고하듯 기수의 깃발이 비장하게 휘날렸다.

 관창이 외쳤다.

"진격!"

 적군을 공격하러 나아가라는 북소리가 들판에 우렁우렁 울려 퍼졌다.

 관창은 한 손에 고삐를 움켜쥐고 다른 한 손에는 창을 비껴 쥐었다.

 둥, 둥, 둥! 들판에 울려 퍼지는 북*소리를 따라 관창이

---

* 북
옛날에는 전투 때 북이나 징, 나팔 등으로 신호를 보냈다. 북은 주로 군대가 공격을 시작할 때 두드렸는데, '공격 개시'나 '전진'을 뜻했다. 또 전투 도중에 징이 울리면 '뒤로 물러나라'는 뜻이었다. 한편 북은 주술적 힘을 갖고 있다고 여겨 신성한 것으로 보기도 했다. 삼국 시대 이전 한반도 중남부에 있었던 나라들인 마한, 진한, 변한에서는 신성한 구역인 소도 입구에 솟대를 세우고 하늘과 소통하는 의미로 북과 방울을 걸어 두었다.

"이랴!" 하고 말에 박차를 가했다. 관창을 태운 말이 두두두두 땅을 울리며 벌판으로 달려 나갔다. 뒤이어 기수가 깃발을 흔들며 말을 달리자, 창과 도끼를 든 낭도들이 함성을 지르며 태양이 이글거리는 벌판으로 뛰어나갔다.

세찬 북소리와 함께 들려오는 말발굽 소리, 어린 병사들의 카랑한 함성이 신라군의 가슴을 울렸다.

사람들의 눈길이 어린 병사들에게 쏠린 틈을 타서, 할아버지와 아이들은 신라 진영에서 빠져나왔다. 멀리서 지켜보는데도 몸이 떨리고 가슴이 뛰었다.

민호는 관창에 대한 걱정과 전쟁의 참혹함을 잠시 잊은 채, 출정하는 관창과 낭도들의 모습에 가슴이 벅차올랐다.

하지만 수진은 시체가 즐비하던 황산벌을 떠올리며 소름이 끼친다는 듯이 몸을 부르르 떨었다. 수진이 한숨을 내쉬며 걱정스러운 표정으로 말했다.

"이번에는 백제군한테 잡히지 말아야 할 텐데……. 관창님, 부디 몸조심하세요!"

그러자 준호가 무거운 표정으로 고개를 저었다.

"관창은 살아 돌아오지 못해."

수진이 깜짝 놀라 할아버지에게 물었다.

"할아버지, 진짜예요? 이 전투에서 관창이 죽어요? 백제군한테 또 잡히나요?"

민호가 할아버지를 붙잡고 졸랐다.

"우리가 말을 타고 가서 관창을 못 가게 하면 안 돼요? 관창이 너무 불쌍해요. 살려 주세요, 할아버지!"

민호와 수진은 발을 동동 구르며 안타까워했다.

할아버지는 먼지구름에 휩싸인 황산벌을 바라보며 쓸쓸히 말했다.

"안타깝지만, 화살은 이미 시위를 떠났다. 그리고 누구도 역사에 개입해선 안 돼."

할아버지의 목소리가 갈라졌다.

"준호 말대로…… 관창은 죽는다. 관창의 죽음으로 삼국 통일이 되지."

민호는 이해가 가지 않았다.

"그게 무슨 소리예요? 관창이 죽는 거랑 삼국 통일이 무슨 상관이에요?"

준호가 할아버지 대신 설명해 주었다.

"관창이 백제군한테 잡혀 죽은 덕분에 신라군은 황산벌에서 승리할 수 있었어. 어린 관창의 죽음을 보고 신라 병사들이 떨쳐 일어나 백제군을 물리쳤거든."

할아버지가 나지막이 덧붙였다.

"황산벌 전투의 승리는 신라가 삼국을 통일하는 발판이 된단다. 일찍이 성충*의 충고를 듣지 않았던 의자왕은 사비성으로 진격한 신라군과 당나라 군에 항복하고, 700년

---

* **성충**

백제 말기의 충신. 의자왕이 자만에 빠져 나랏일을 게을리하자, 바른말을 했다가 감옥에 갇혔다. 죽기 전에 의자왕에게 '적군이 쳐들어오면 육로로는 탄현(지금의 대전 부근)을 넘지 못하게 하고, 수군은 기벌포에 들어오지 못하게 한 뒤, 험한 지형을 이용하여 싸우면 틀림없이 이길 것입니다.'라고 충언했다. 그러나 의자왕은 이를 귀담아 듣지 않았고, 결국 백제는 신라군과 당나라 군의 협공에 사비성을 내주고 항복하고 말았다.

가까이 이어온 백제는 허무하게 역사 속으로 사라지게 되지. 결국 의자왕*은 백제의 마지막 왕이 되고 말았어."

민호와 수진은 멍하니 입을 벌린 채 할아버지와 준호를 쳐다보았다. 도대체 뭐가 어떻게 된다는 것인지 알 수가 없었다.

그 순간 준호의 옷 속에서 두루마리가 꿈틀거렸다.

"할아버지, 이제 돌아갈 때가 된 것 같아요."

준호가 허리띠를 풀고 배낭을 꺼내며 말했다.

황산벌을 쓸쓸히 바라보던 할아버지가 아이들을 돌아보았다. 할아버지의 눈에는 슬픈 빛이 어려 있었다.

---

* **의자왕**
백제의 마지막 임금. '의롭고 자애롭다'는 뜻의 의자왕은 부모를 잘 섬기고 형제들과 우애가 깊어 '해동증자'로 칭송받았다. 해동증자란 중국 동쪽 바다의 증자라는 뜻으로, 옛날 공자의 제자였던 증자처럼 부모 형제를 극진히 대하고 학문이 뛰어나다고 하여 붙여진 이름이다. 그러나 잠시 전쟁이 잠잠해진 시기에 의자왕이 직접 군사를 이끌고 신라로 쳐들어가서 성 40여 개를 빼앗고 대야성을 함락시켰다. 그 후 의자왕은 자만에 빠졌고 나당 연합군에 나라를 잃고 말았다.

배낭 속의 두루마리는 그 모든 것을 삼켜 버리려는 듯 점점 세차게 꿈틀거렸다.

"그래. 시간이 다 되었구나. 어서 돌아가거라."

할아버지가 잰걸음으로 아이들한테서 떨어지며 말했다.

"앗, 할아버지, 어디 가요! 우리랑 같이 안 가요?"

민호가 소리쳤지만, 할아버지는 고개를 돌리고 쓸쓸한 눈빛으로 바라볼 뿐이었다. 두루마리는 이미 배낭에서 반쯤 비어져 나와 있었다.

할아버지가 품에서 두루마리를 꺼내 능숙하게 허공에 던졌다. 그러고는 지팡이로 두루마리를 툭 쳐서 거짓말처럼 자취를 감추었다.

다음 순간 아이들의 두루마리가 허공에서 펼쳐지며 푸른빛을 내뿜었다. 그리고 아이들도 할아버지처럼 황산벌에서 감쪽같이 사라졌다.

8. 힘겨운 과거 여행을 끝내고

지하실의 서늘한 어둠 속에서 수진이 소리쳤다.
"아, 할아버지!"
민호도 아깝다는 듯이 말했다.
"어휴! 또 할아버지를 눈앞에서 놓쳤어!"
수진이 말했다.
"있잖아, 할아버지가 오늘 나타난 건 우리가 도착하자마자 두루마리한테 빈 덕분인 것 같아. 두루마리는 할아버지랑 우리가 뭘 하고 있는지, 어디 있는지 다 알고 있는 것 같아. 그래서 정말 필요할 땐 할아버지를 불러올 수 있는 것 아닐까?"

민호가 맞장구를 쳤다.

"그래, 아까 할아버지가 그랬잖아. 우리가 과거에 오면 할아버지는 다 안다고. 그걸 어떻게 알겠어? 두루마리가 가르쳐 주니까 아는 거지!"

준호도 고개를 끄덕였다.

"두루마리와 관련이 있는 것 같기는 해. 우리 두루마리가 알려 주는 건지, 아니면 할아버지의 두루마리가 알아내는 건지는 모르겠지만……. 할아버지의 두루마리는 모든 걸 꿰뚫어 보는 걸까?"

민호가 신이 나서 말했다.

"할아버지의 두루마리 덕분에 말도 탔잖아. 아까 말 탈 때 정말 신나더라!"

수진도 "맞아!" 하며 두 손을 가슴에 모으고는 말을 타고 바람을 가르던 순간을 떠올렸다.

하지만 준호는 그때를 떠올리니 다시 속이 울렁거렸다. 수진도 황산벌의 참혹함이 떠올랐는지 이내 고개를 설레 설레 저었다.

"황산벌은 정말 끔찍했어. 전쟁은 너무 무서워. 그렇게 많은 사람들이 죽다니. 사람들은 그 끔찍한 전쟁을 왜 그렇게 좋아하는 거야? 민호 너도 전쟁 좋아하지?"

민호는 자기가 전쟁을 일으키기라도 한 듯 기가 죽었다.

"그, 그거야 나라를 지키려고……. 용감하게……."

"용감하게? 그래서 자기 아들한테 살아오지 말라고 한 거야? 지금 생각해 보니, 관창 아버지는 아들이 죽을 걸 알면서도 쫓아 보낸 것 같아!"

수진이 흥분하자, 준호가 힘없이 중얼거렸다.

"그래서 삼국이 통일되긴 했잖아. 덕분에 그 뒤로 우리나라가 고려, 조선으로 이어지게 되었고……."

민호도 수진에게 눈을 흘기며 말했다.

"야, 나한테 왜 그래. 나도 이제 전쟁 안 좋아해."

준호가 한숨을 푹 내쉬었다.

"하지만 그 뒤에도 전쟁은 계속 일어났지. 후유, 전쟁은

정말…….”

그러자 수진이 야무진 목소리로 말했다.

"난 원래부터 전쟁을 안 좋아했지만, 이번에 보고 확실히 결심했어. 난 죽을 때까지 전쟁은 반대야. 절대, 무조건 반대!"

씩씩대는 수진의 숨소리가 지하실 골방을 가득 메웠다.

전쟁*은 아버지와 아들의 사랑을 짓밟고, 소중한 생명을 하찮게 여기는 잔인하고 비정한 것이었다. 벌판에 쓰러져 있던 그 수많은 사람들은 전쟁이 아니었다면 모두 논밭에서 평화롭게 농사를 지으며 가족과 함께 살고 있었을

---

* 전쟁
삼국의 오랜 전쟁으로 백성들의 고통은 이루 말할 수 없었다. 나라에서는 전쟁 비용을 마련하기 위해 세금을 엄청나게 걷었고, 백성들은 농사도 못 짓고 군대에 끌려가 10년 넘게 싸웠으며, 그사이에 가족들은 거지가 되어 어디로 갔는지조차 알 수 없었다. 무수한 전투가 벌어진 들판에는 시체가 가득했으며, 이로 인해 전염병이 돌아 또다시 많은 사람이 목숨을 잃었다. 귀족이나 지배층은 전쟁에서 승리한 대가로 땅이나 노예를 차지하여 부를 늘렸지만, 백성들은 고통과 죽음 말고는 얻는 것이 없었다.

것이다.

사람들은 도대체 왜 전쟁을 일으키는 것일까? 준호, 민호, 수진 모두 전쟁은 피할 수 있다면 어떻게든 피해야 한다고 생각했다.

어둠 속에서 준호가 말했다.

"과거 여행은 정말 힘든 것 같아."

민호도, 수진도 준호의 말에 동의하는 듯 아무 말이 없었다. 지하실의 분위기가 무겁게 가라앉았다.

그때 수진이 침묵을 깨고, 민호에게 말했다.

"아까 너 진짜 용감하더라. 관창이 풀려날 때 어떻게 우리도 보내 달라고 말할 생각을 했어?"

준호도 백제군에게 붙잡혔던 일을 떠올리며 무심코 한숨을 내쉬었다. "풀어 주어라." 하고 말하던 계백 장군의 목소리가 귓가에 쟁쟁했다.

"그래. 민호야, 잘했어. 네가 보내 달라고 한 덕분에 우리가 무사히 풀려났어."

민호가 눈을 깜빡이며 말했다.

"거기서 탈출하려면 그 수밖에 없잖아. 계백 장군한테 불쌍하게 보이는 거 말이야."

그러자 수진이 목에 힘을 주고 말했다.

"진정한 용기는 필요할 때 빌 줄 아는 것이다!"

수진의 굵은 목소리에 다들 아하하 웃었다. 그 웃음소리가 아이들을 짓누르고 있던 무거운 공기를 날려 보냈다.

갑자기 민호가 벌떡 일어서며 말했다.

"맞다, 부침개! 아까 엄마가 부침개 부치고 있었는데."

준호가 어이없다는 듯이 말했다.

"너 알고 있었어? 하여튼 먹는 거라면 귀신이라니까."

"당근이지!"

집으로 달려가는 민호를 보며 준호가 수진에게 말했다.

"수진아, 같이 가자. 엄마한테 너 만나러 간다고 했거든."

준호와 수진은 지하실을 벗어나 집으로 달려갔다. 사랑

하는 엄마와 아빠가 있고 맛있는 음식이 있는, 평화롭고 안전한 집으로.

준호의 역사 노트

과거 여행을 다녀온 뒤, 역사 박사 준호는 도서관과 아빠의 서재를 들락거리며 삼국 통일 전쟁 연구에 몰두했다. 준호는 무엇을 알아냈을까?

신라는 어떻게 삼국을 통일했나?

고구려, 백제, 신라는 영토를 넓히기 위해 끊임없이 전쟁을 벌였다. 신라는 삼국 가운데 가장 늦게 힘을 기르기 시작했지만, 법흥왕(재위 514~540년)과 진흥왕(540~576년) 시대를 거치면서 가야 연맹을 정복하고 한강 유역으로 진출하여 새로운 강국으로 떠올랐다. 신라는 한강의 뱃길을 이용하여 당나라와 관계를 돈독히 하고, 나당 동맹을 맺어 백제와 고구려를 멸망시킴으로써 한반도에서 삼국 시대를 끝냈다.

한강 유역을 둘러싼 삼국의 치열한 싸움

한반도의 중심부인 한강 유역은 농사짓기에 좋을 뿐 아니라 서해로 이어지는 물길 덕분에 다른 나라와 무역을 하기에도 유리했다. 그래서 삼국은 한강을 차지하기 위해 끊임없이 전쟁을 벌였다. 신라가 삼국을 통일할 수 있었던 것도 진흥왕 때 한강 유역을 차지해, 뒷날 세계적인 강대국 당나라와 직접 교류할 수 있게 되었기 때문이다.

4세기 백제의 발전 → 5세기 고구려의 팽창 → 6세기 신라의 성장

삼국 통일을 이끈 신라 사람들

삼국 통일의 길을 연 김춘추

막강한 당나라의 군사력을 이용하기 위해 뛰어난 정치력과 외교력으로 나당 동맹을 이끌어 냈다. 부모가 모두 왕족인 성골만 왕이 되던 신라에서, 부모 가운데 한 사람만 왕족인 진골 출신으로는 최초로 왕(태종 무열왕)이 되었다.

태종무열왕릉

삼국 통일의 명장 김유신

가야 왕족의 후손으로 신라의 대장군이 되었고, 여동생은 태종 무열왕 김춘추와 혼인했다. 660년 5만 명의 군사를 이끌고 당나라의 장군 소정방과 함께 백제를 멸망시켰으며, 668년에는 문무왕과 함께 고구려를 무너뜨리고 676년에는 당나라 군사를 몰아내어 삼국 통일의 기반을 다졌다. 삼국 통일의 공을 기려, 죽은 뒤 '흥무대왕'으로 칭해지며 왕의 대우를 받았다.

김유신 장군 영정

삼국 통일을 완성한 문무왕

태종 무열왕의 맏아들로 삼국 통일을 완성했다. 태자의 몸으로 황산벌 전투를 비롯한 삼국 통일 전쟁에 참가했으며, 왕이 된 후 당나라 군을 몰아내고 진정한 삼국 통일을 이루어 냈다. 삼국 사람들을 하나로 모으기 위해 백제와 고구려 사람들을 두루 등용했으며, 작은 도읍인 소경을 늘리는 등 지방 통치 체제를 정비했다. 죽어서도 동해를 지키겠다는 유언에 따라 화장한 후 경주 앞바다의 대왕암에 모셔졌다.

문무왕의 수중 왕릉

삼국 통일 전쟁의 운명을 가른 황산벌 전투

신라와 나당 동맹을 맺은 당나라는 660년 13만 대군을 이끌고 백제의 도읍 사비성으로 향했다. 이에 맞춰 신라군 5만 명이 당나라 군에 보급할 식량을 싣고 사비성으로 출발했다.

당시 신라에서 사비로 가려면 탄현(지금의 대전 부근)과 황산벌(논산)을 지나야 했다. 탄현에서 황산벌까지는 길이 험했으나, 평야 지대인 황산벌로 진입하면 쉽게 진군할 수 있었다. 이 때문에 백제의 충신 흥수와 성충이 의자왕에게 탄현에서 미리 신라군을 막아야 한다고 충언했으나, 때를 놓친 백제는 황산벌에서 신라군을 맞닥뜨리게 되었다.

5천 명의 결사대를 모은 계백 장군은 황산벌 주위의 험한 산에 군대를 배치한 다음, 산세를 이용하여 신라군과 네 번 싸워 모두 이겼다. 그러나 10배에 이르는 군사 수의 차이를 이겨 내지 못하고, 반굴과 관창 등 화랑들의 죽음을 발판으로 총공격에 나선 신라군에 결국 패하고 말았다.

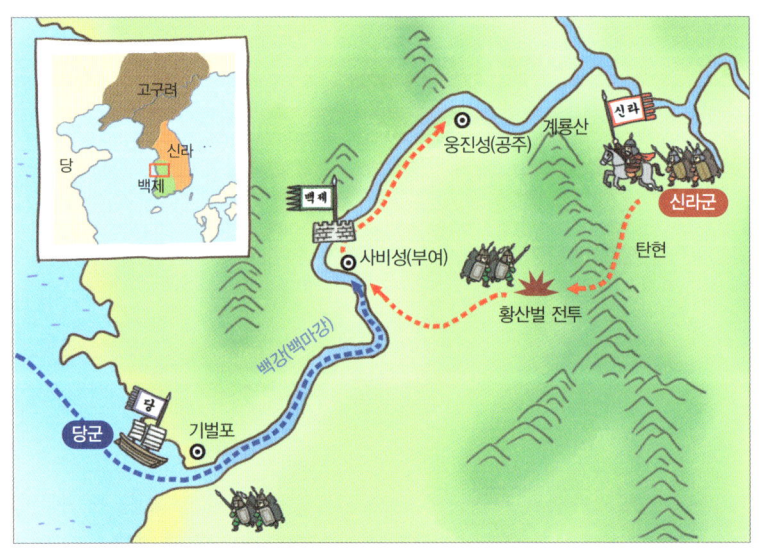

백제의 멸망

사비성을 에워싸고 있는 백강(지금의 백마강)에는 백제가 멸망할 때 의자왕의 삼천 궁녀가 강에 몸을 던졌다는 전설의 '낙화암'이 있다. 그러나 이 전설은 조선 시대에 꾸며진 것으로, 《삼국유사》에 따르면 낙화암은 백제 주민들이 당나라 군사들에게 쫓겨서 떨어져 죽은 낭떠러지의 바위이다.

황산벌에서 백제군을 전멸시킨 신라군은 당나라 군대와 합류해 백강에서 백제군을 격파하고 강을 따라 사비성으로 진격하는 동시에, 육로로도 사비성을 공격했다. 백제는 무려 18만 명에 이르는 나당 연합군의 협공에 격렬하게 맞서 싸웠지만, 결국 의자왕이 항복하면서 역사 속으로 사라지고 말았다.

낙화암

고구려의 멸망

660년에 백제를 무너뜨린 나당 연합군은 고구려 공격에 나섰다. 고구려는 연개소문의 강력한 지휘 아래 번번이 나당 연합군을 물리쳤으나, 연개소문이 죽은 뒤 권력 다툼으로 내부에서부터 무너지기 시작했다. 나당 연합군은 이 틈을 놓치지 않고 668년 신라군 27만 명, 당나라군 50만 명이라는 엄청난 규모의 군대로 평양성을 공격하여 함락시켰다. 이로써 한반도 북쪽에서 북방 민족의 침략을 막아 내며 700년간 동북아시아의 강대국으로 자리 잡았던 고구려는 역사 속으로 사라지고, 우리 민족은 고구려의 넓은 영토를 중국에 내주고 말았다.

신라는 통일된 국가를 어떻게 다스렸을까?

삼국을 통일한 신라는 백제인과 고구려인을 관리와 기술자로 등용하여 백제와 고구려의 문물을 흡수하려 했다. 또 불교를 중심으로 삼국이 하나임을 강조하며 사람들의 마음을 한데 묶으려 애썼다.

신라는 전국을 지금의 도에 해당하는 9개 주로 나누고, 주요 지역에 지금의 광역시에 해당하는 5개의 소경을 설치하여 체계적으로 나라를 다스리려 했다. 이와 함께 백성들에게 부역과 세금을 부과하고, 왕을 중심으로 하는 강력한 나라를 세웠다. 이처럼 군사적 통일에 이은 문화적, 행정적 통일 노력 덕분에 통일 신라 시대에 삼국의 문물이 한데 어우러질 수 있었다.

신라에 전해진 백제의 문화

일찍이 중국, 가야, 일본 등과 교류하며 국제적인 감각으로 찬란한 문화를 꽃피웠던 백제인들의 기술과 문화는 신라에 흡수되어 우리 민족 문화의 밑거름이 되었다. 삼국 통일 후 화강암을 다루는 백제의 석공들은 불국사와 석굴암 등의 불교 건축물과 불상 제작에 힘을 보탰고, 질그릇에 유약을 입혀 녹유 토

경주 동궁과 월지

기를 구워 내던 백제 도공들의 토기 제작 기술이 통일 신라에 전파되어 훗날 고려청자가 만들어지는 밑바탕이 되었다. 통일 후 만들어진 신라 동궁의 월지도 백제 사비성의 궁남지를 본뜬 것이라고 한다.

백제와 고구려 유민들의 저항 운동

삼국 통일 전쟁으로 백제와 고구려는 큰 피해를 입었다. 전쟁에서 수많은 사람이 죽었고, 집과 재산을 잃은 사람 또한 엄청났다.

비록 신라가 전쟁에서 이겼지만, 백제 땅과 고구려 땅에서는 멸망한 나라를 다시 세우려는 움직임이 일어났다. 백제인들은 임존성(지금의 충남 예산)에서 흑치상지 장군을 중심으로 나라를 되찾기 위한 싸움을 벌였다. 이들은 불과 열흘 만에 3만 명의 병사를 모아 한때 200여 개의 성을 되찾았으나, 지도부의 분열로 다시 신라에 성들을 빼앗기고 말았다.

고구려인들은 관리 출신의 검모잠 등이 한성(황해도 재령)에서 당나라 군을 몰아내기 위해 싸웠다. 요동 지역에서도 고구려인들은 안시성을 중심으로 나라를 되찾기 위해 끈질기게 싸웠다. 그러나 이들 역시 지도부가 분열되면서 힘을 하나로 모으지 못했다. 671년 안시성이 당나라 군에 함락되고 잇달아 전투에서 패하면서, 고구려인들은 만주와 신라로 뿔뿔이 흩어졌다.

우리 역사에서 삼국 통일은 어떤 의미를 지닐까?

　신라는 백제와 고구려를 멸망시킨 뒤, 한반도를 넘보던 당나라를 몰아내고 삼국을 통일했다. 이로써 영토 확장을 둘러싼 오랜 전쟁이 끝나 사람들이 더 이상 전쟁으로 죽지 않게 되었고, 한반도에 우리 겨레 최초의 단일 국가가 탄생했다.

　통일 후 신라는 삼국 사람들을 하나로 모으기 위해 노력하는 한편, 백제와 고구려의 발달된 문물을 흡수하여 통일된 민족 문화를 형성해 나갔다. 이후 우리 겨레는 통일된 국가로서, 1300여 년간 유구한 역사와 문화를 꽃피우게 되었다.

　그러나 당나라의 힘을 빌린 삼국 통일의 결과로 신라는 드넓은 고구려 영토의 상당 부분을 당나라에 내주게 되었다. 이로써 우리 민족의 활동 무대가 좁아졌고, 북쪽의 여러 민족과도 교류가 끊기게 되었다.

통일 신라 시대일까? 남북국 시대일까?

예전에는 우리 역사에서 신라가 삼국을 통일한 이후의 시대를 '통일 신라 시대'라고 불렀다. 하지만 요즘에는 이 시대를 '남북국 시대'라고 부른다. 고구려가 멸망한 지 30년 뒤, 그 후예들이 말갈족과 손잡고 옛 고구려 땅에 발해를 세워서 남쪽에서는 신라가, 북쪽에서는 발해가 200년 이상 함께 이어졌기 때문이다.

한반도에 있던 나라들

- **기원전 8~7세기** 고조선 성립(《동국통감》에 따르면 기원전 2333년)
- **기원전 108년** 고조선 멸망
- **기원전 1세기경** 부여, 옥저, 동예, 삼한의 등장
- **기원전 57년** 신라 건국
- **기원전 37년** 고구려 건국
- **기원전 18년** 백제 건국
- **42년** 가야 성립
- **56년경** 옥저가 고구려에 통합
- **4세기경** 삼한이 백제, 신라, 가야에 통합
- **5세기경** 동예가 고구려와 신라에 통합
- **494년** 부여가 고구려에 통합
- **562년** 가야 멸망
- **660년** 백제 멸망
- **668년** 고구려 멸망
- **698년** 발해 건국
- **918년** 고려 건국
- **926년** 발해 멸망
- **935년** 신라 멸망
- **1392년** 고려 멸망 / 조선 건국
- **1897년** 조선에서 '대한 제국'으로 국호 변경
- **1910년** 대한 제국 멸망

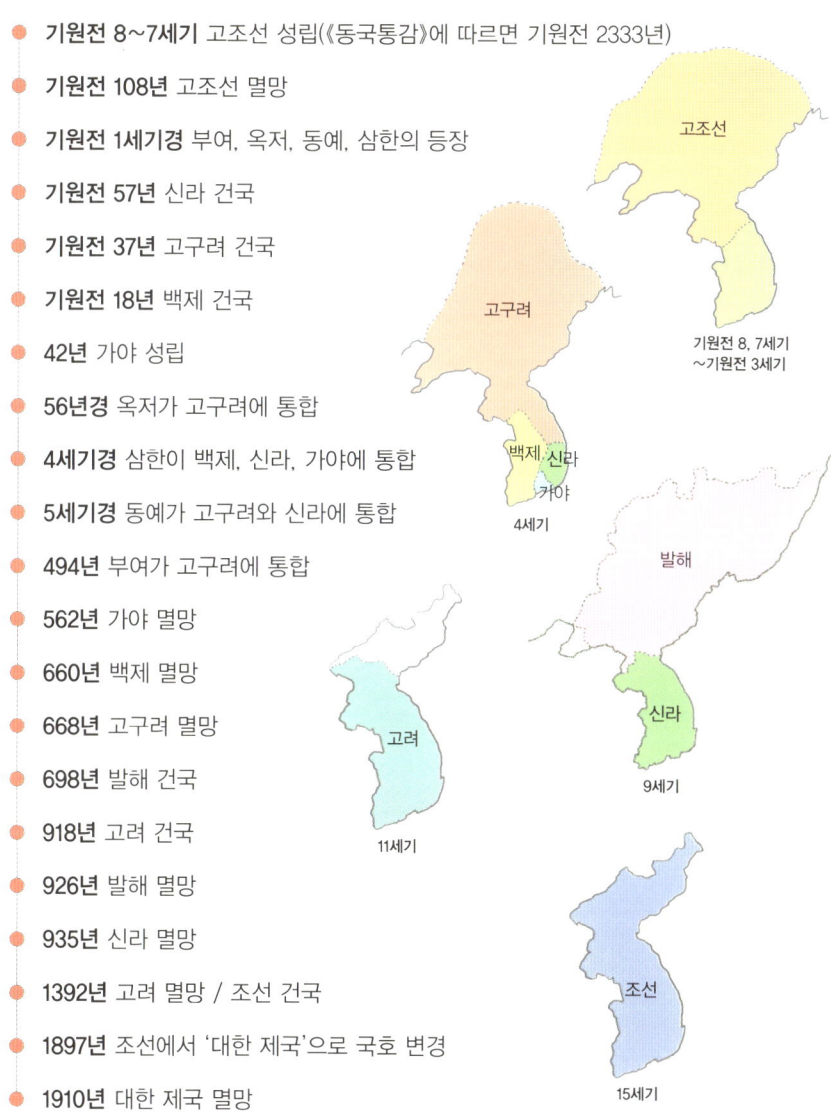

사진 자료 제공
45p **《동국신속삼강행실도》에 실린 관창** 한국민족문화대백과사전
46p **계백 장군 영정** 한국학중앙연구원
59p **재현된 사비성의 궁궐** 한국관광공사 강윤구
61p **마름쇠** 국립부여박물관
115p **태종무열왕릉** 국가유산청
115p **김유신 장군 영정** 진천군청
115p **문무왕의 수중 왕릉** 한국관광공사
117p **낙화암** 국가유산청
118p **경주 동궁과 월지** 한국관광공사 양지뉴필름

마법의 두루마리 16
황산벌에서 화랑 관창과 계백 장군을 만나다

ⓒ 강무홍, 김종범, 2025

1판 1쇄 펴낸날 2025년 7월 25일
글 강무홍 **그림** 김종범 **감수** 송호정
편집 우순교 **디자인** 박정아
펴낸이 강무홍 **펴낸곳** 햇살과나무꾼
등록 2009년 07월 08일(제313-2004-54)
주소 서울시 영등포구 당산로54길 11 상가 305호
전화 02-324-9704
전자우편 namukun@namukun.com
ISBN 979-11-993393-3-0(73810)

* 신저작권법에 따라 한국 내에서 보호를 받는 저작물이므로 무단 전재와 무단 복제를 금합니다.